反本能

找回自控力

衛藍 著

自序

走出生活舒適圈，挑戰未來無限可能

生物學家拉馬克（Jean-Baptiste Lamarck）認為，生物進化應該包含二方面：垂直進化（由簡單到複雜）和水平進化（多樣性的進化）。人類的進化過程也是如此，垂直方向上從簡單無序變成複雜和有組織；水平方向上從相似到「人與人之間的差距比人與豬的差距還大」。

‧跟不上進化的本能

在演化過程中，我們一直在與本能對抗。大多數動物想要生存，不得不改掉慵懶的本能，讓自己跑起來，躲避天敵或獵取食物。狼為了生存得更好，選擇相互合作，讓出部分食物，克制自私的本能；人為了生存得更好，制定了文明的規則，克制了廝殺的本能。

然而，生物進化的歷史並沒有很大程度地改變生存的基本機制。

正如英國神經科學家約翰・休林斯・傑克遜（John Hughlings Jackson）在一百多年前就已經意識到的：物種在原有舊腦的基礎上形成了精細的新腦系統。而舊腦做為基礎則更深刻地影響著我們的日常行為。換句話說，我們多數偏好和做出的選擇，更多是源自生物性。

比如說，男性傾向選擇外表較有吸引力和身材比例感較好的女性做配偶，因為他們的生物性意識認為，與這樣的女性更有可能繁殖出較為優秀的後代。而女性則傾向於選擇高䠷和強壯的男性做為配偶，這樣才能給予她們足夠的安全感，因為這樣的男性看上去更能捕獲到獵物和戰勝侵略者。

再好的法律，也無法停止所有犯罪；再好的個人，也會犯錯。因為人的本能之一就是野蠻，而歷史上也有無數次野蠻戰勝文明的先例。重力作用讓每個物體都掉到地上，而人的本能也是如此，它會讓我們走向一種原始和野蠻。

•人為什麼更高級

而演化的大方向則有「秩序性」和「反本能」的特點。比如說，及時享樂是生物的本能。動物很少做那些短期內看不到收益的事情，因為動物的本能就是及時享樂，而人類相對於其他動物更為高級，因此人們願意為了長遠的利益，克制自己享樂的本能。

在哈拉瑞（Yuval Noah Harari）的《人類大歷史》（*Sapiens: A Brief History of Mankind*）中也寫道：「人類之所以能夠實現數萬甚至數百萬人通力協作，而一些動物只能形成幾十或上百個單位的社群，是因為人類是所有生物中，唯一相信『虛構信念』的物種。」

人與動物最大的區別在於能夠更好地克制自己的本能，為長遠的利益著想。如果一個人不能很好地克制本能，他會更像是在退化，在水平進化中處於劣勢，他就更容易被這個社會淘汰。這也是戰勝本能的重要性——愈能克制本能的生物會更高級一些，愈能克制自己本能的人往往也更優秀些。

儘管在漫長的進化過程中，人類的生物本能發揮了相當重要的生存指導作用，但是隨著社會環境的變化，緩慢進化已經跟不上現實的步伐。如果再用我們的本能去面對這個變化愈來愈快速的世界，我們可能就會慢慢被淘汰。

因此，要想讓自己跟上時代的步伐，就需要戰勝更多跟不上時代的本能反應，讓自己不再用低效的方式適應和學習，不再讓憤怒衝昏頭，不再被直覺遮蔽雙眼。

・卓越之路的「本能阻礙」

我們該如何開展一場「反本能」戰爭，讓自己在水平進化中有更多優勢，變得更卓越？很多人希望自己能夠變得更加美好和優秀。比如減少自己的一點小贅肉，讓自己看起來更健康；讓自己的成績更好，或希望改變羞怯的性格，讓自己敢於表達。但事實上，大多數人都沒辦法實現自己的願景，否則也就不會有那麼多人對生活有那麼多抱怨和不滿了。到底是哪些因素影響了我們走向卓越呢？

認知模式的穩定性

俗話說「三歲看八十」，我們很小的時候，行為模式就已經被外界環境培養出一個較為基礎的模式，做為我們後期認知事物的範本。遇到相似的場景時，我們便會提取以前相應的行為應激。

也就是說，面對一件事物，我們的行為都會經過一個「圖式」，而改變的本質則是換一個「圖式」。但是這個過程非常困難，因為這個圖式已經伴隨了我們十幾年甚至幾十年。而且年齡愈大，「圖式」印刻愈久，改變的難度也愈大，所以我們也能理解為什麼長輩相對來說比較固執一些。

我們常常聽到「首因效應」：人可能會因為對方一開始留下的好印象而認為對方不錯；後來即使對方犯了錯誤，我們也傾向於認為這只是偶然。

實際上這也是我們的「心理圖式」較難改變的原因。我們會將第一次與對方接觸的印象當作我們認識對方的「心理圖式」，思考關於對方的問題大多會經過這個圖式，偏向往最初的印象去想。

其他方面也是如此，為什麼我們對「第一次」的印象都非常深刻呢？因為我們已經將「第一次」所經歷的事情當作我們認識這類事物的「心理圖式」；遇到相似的事物時，我們會透過這個「圖式」做出反應。改變之所以困難，就是因為「圖式」的本能很難被改變。

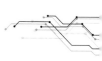

急功近利

有時候，我們讓自己變得優秀的辦法本身沒有問題，但是付出的過程中，看不到想要的結果時，我們便會選擇放棄。

比如說，有些人想要減肥，堅持了三天運動後沒有發覺效果，覺得自己的方法有問題，不斷調整、不斷修改，反而讓自己疲於變化而消耗更多能量，不利於我們想要的改變。

一個朋友告訴我，她在學生時代有段時間非常努力學英語，但考試結果總是不理想。後來，她索性將重心放在其他科目上，這時候她的英語成績反而突飛猛進，感覺反而是「鬆懈能夠提高成績」。

事實真的如此嗎？不是的，因為我們的收益都存在滯後性。改變並不會立刻發生，需要時間的累積才會出現效果。當自己開始放鬆的時候，以前的積累反而開始出現了成效，但是這個時候我們以為是「玩」的狀態帶來的結果。

因為我們通常側重的思維都是「同時性」，看到的事物是以光速傳遞到視線中，我們的感覺是以光速傳遞到大腦裡，以至於覺得生活中的大多數事物從發生到被感覺到都是同步發生的。這造成了思維的「短視偏向」——無法立刻看到成果，我們就會產生可行性的懷疑。

但是，與我們的感官相反，付出往往需要一定時間才會體現，稱之為「效益滯後性」，這與我們的思維慣性相悖，當付出無法迅速產生我們想要的結果時，就會傾向懷疑和放棄。

因此，很多人沒能在正確的路上堅持到成果出現，也與優秀無緣。

一直停留在舒適圈

足球運動員會被要求用反腳踢球，或以最快速度跑完全場。但是足球愛好者則沒有教練強迫，他們更傾向於用喜歡的方式去踢球，他們只是享受這個過程。

後者就是在自己的舒適圈行事，所以他們的球技進步水準更有限。而足球運動員則是被要求用各種不舒服的方式去踢球，雖然感覺挺折磨人的，但是他們因此變得更優秀，進步更大。

生活中也是如此。我們會用習慣的方式去學習或工作，但是這很難讓人進步。就像一道數學題可以有很多種解法，但是只用自己最熟悉的解法解題，直到有一天這個解法行不通了，卻未曾在日常練習中學會其他方法。

所以，有的人有十年工作經驗卻沒有成為專家，這也不讓人意外了；因為這些人並不是積累了十年經驗，而是同樣的經驗用了十年。一旦遭遇瓶頸，他們沒有其他特長，於是只能一直停留在自己的層級中。

大多數人不願離開舒適圈，很大一部分原因是離開舒適圈往往意味著短期效能降低。就像左腳踢球的運動員一開始會踢不好一樣，用別的方式解數學題會花費更多時間。在這個過度注重效率的社會，人們更難有精力去嘗試錯誤；然而用熟知的方式完成任務，雖然速度更快，可是並不利於成長，不利於一個人走向更優秀的水準。

凡此種種，走向卓越的過程充滿非常多阻礙，大多數人的「優秀之路」往往都會以失敗告終。

•總有人會贏

走向優秀的路雖然有很多本能障礙，依然有非常多成功者。他們的經驗也可以幫助大家提高自我改變的成功率。

有些心理學家透過大量實驗，找到影響改變並變得更優秀的因素，告訴我們改變的策略。人的改變歷程，更像是現在的自己與過去的自己對弈。想要戰勝過去的自己，我們需要知道對手的下一步棋。當我們知道過去的自己下一步棋要怎麼走時，就能根據他的方式預防性修正，達到戰勝自我的目的。

絕大多數人缺乏的不是戰勝慵懶和膽怯本能的勇氣，而是改變的技巧，而這才是走向卓越的關鍵。

這本書的目的正在於此，它更注重於啟發性。一些書告訴大家戰勝拖延可以用「番茄工作法」、心理獎懲等方式；大家想要變得會溝通，就告訴我們要多讚美、多嘗試。但是很少告訴大家，為什麼可以這麼做，這麼做背後的原理是什麼。

這就像告訴我們一道數學題怎麼做，我們不知道原理，遇到它的「變形」可能就會束手無策，更不用說自己想出方法的創新了。

而這本書不僅給了很多實用性的方法，而且盡量多解釋一個行為產生的原因和根本。讓大家不只侷限於這本書的方式，而是可以根據原理去尋找更為適合自己的改變策略。

我也清楚，很多人在網路時代看的文字大多是貼文類型，更短、更精悍，雖然能夠快速獲得很多零碎知識，但是我們的耐心也在這種狀態中，在愈來愈多偏娛樂和短小的文章閱讀過程中，慢慢磨盡。看到有用的東西，很多人不是認真看完，而是收藏起來等有空再閱讀，卻很少打開自己的收藏夾。

我希望大家閱讀這本書時，能夠真正定下心來，不要像瀏覽網路貼文那樣沒有深度地看完。因為只有定下心來，才能讓自己進步得快一些。李小龍也說過：「我不怕會一萬招的人，我只怕一招練一萬次的人。」如果沒有深度思考和訓練，學到的東西很容易只是「花拳繡腿」。

我們在用手機閱讀的時候，並沒有全身心投入，因為手機對我們的「心理喚醒」往往是社交性和娛樂性。也就是說，即使認真用手機閱讀，還是帶著社交及娛樂的情緒與知覺，這樣不利於獲得更為深刻的知識，這種狀態的知識吸收效率不比邊吃飯邊閱讀高。而紙質書的閱讀模式相對來說，對大多數人更為高效，因為對紙質書的知覺帶有更多學習性。

另外，「乾貨」始終沒有「雞湯」那樣容易讓人接受。用一個朋友的話講就是：「雞湯」更像是色情按摩，哪裡舒服就按哪裡；而「乾貨」像正規按摩，哪裡不舒服它按哪裡。「雞湯」讀起來會爽，也能夠「飽腹」，但是可能不會讓自己更健康、更美好；而「乾貨」讀起來燒腦，卻能夠讓一個人更加完整。

雖然這本書為了實現科普性並體現實用性，在專業程度有所調整。但是它依然是「乾貨」類書籍，還是需要花費一些精力才能夠更充分地理解。我也相信，能夠認真看完這本書的人離自己的目標會更近一些。

接下來，讓我們在思考和學習中，一起變得更有趣、更優秀吧！

目錄

contents

PART · III

反本能之社會洞見——看穿看不清的，說出想說的

Part I

反本能之自控力提升

——戰勝本能舒適圈

學生時代，我們總是在寒暑假背著一堆沉甸甸的書籍回家。想像自己看完一本本寶典之後的提升，心裡也總是不由地產生一股自豪感。然而現實總是殘酷——背著多少書回家，往往就原封不動地背多少書回去，看個十分之一就已經謝天謝地了。

長大後開始工作，騰出了一天時間，計畫好了這一週任務。等到當週最後一天晚上到來，回頭看看自己的計畫清單，總會驚奇地發現完成的任務不到計畫清單上面的一小半。

我們一直在成長，人格也日臻成熟，但是有些習慣並沒有隨著成長而變好，比如拖延的習慣。拖延的慣性非常大，它帶來的短暫愉悅感讓我們「根本停不下來」。

當意識到明天就是「死線」（deadline，表示「期限」）時，又透過傷害身體的方式去完成迫在眉睫的任務。久而久之，這種行為模式成為我們的傾向，成為行為的第一準則——不到最後一刻，堅決不行動。

中國曾有一份近五百人樣本的調查顯示，大概有七十五%的人認為自己有一定程度的拖延症，而有將近一半的人認為時間不知不覺就不夠用了。而在「占據日常生活時間最多的事情是？」這個問題中，有七成人選擇了社群網站。

單純從這兩個小問題就可以大概知道，我們生活中拖延的情況有多麼普遍。而手機，尤其是社群的使用占用一天非常多時間。拖延，可以說是每個時代的通病。

每個人或多或少都有拖延的傾向，而拖延的原因則千差萬別。

但是，一切的拖延原因都有其背後的心理學、生理學和進化學的解釋。

拖延的根源到底是什麼呢？

接下來，讓我們更為全面及透徹地認識拖延。

1 探索拖延

「知其然」才能靈活地克制拖延的本能。凡是客觀存在的現象，都有其存在的根源。即使一個行爲是負面的，在一開始可能也是抱著積極的動機。如果我們不能看清楚這些根源，就無法用理性去約束本能，最後只能成爲本能的奴隸。

・感性 vs. 理性

柏拉圖說過：「人類頭腦中有一位理性的駕車人，必須駕馭一匹桀驁不馴的馬，只有用馬鞭抽牠，用馬刺刺牠，才能使牠就範。」這句話實際上已經蘊含了人類知覺中理性與感性的關係。

心理學家普遍認為，人類大腦內部始終存在著兩個相互關聯又各自獨立的運作系統：

第一個就是感性面，這部分的自我屬於天性本能，能夠對事物產生情緒，感知痛苦和快樂；另一個是理性面，也叫反思系統，這部分大腦能夠深思熟慮，觀察並且反思行為。

控制感性面的大腦區域叫邊緣系統。美國神經生理學家馬克林（Paul D. MacLean）認為在進化時間上，邊緣系統比前腦出現得更早。邊緣系統同時也調節我們的本能，更大的作用是促使人進行自身生存和物種延續。

生存是靠二元系統——「戰鬥和逃跑」來處理和實現的，它不會從失敗中學習，沒有感覺和思考的能力——它的功能僅僅是執行。研究也發現，人類絕大多數行為都來自這個區域。

而控制理性面的大腦區域，稱為新大腦皮層（前腦）。它在進化的時間上比邊緣系統更短，後者可能有超過幾十億年的進化，而新大腦皮層可能只有幾億年，這就註定邊緣系統的留存部分對人類長期生存的意義更為重大。

但是後者在功能上也非常重要，對動物進入群體生活和在惡劣多變的環境中生存下來都有重要意義。希思兄弟（**Chip Heath & Dan Heath**）的《改變，好容易》（*Switch: How to Change Things when Change Is Hard*）一書中，就用一個生動的例子說明了新大腦皮層對我們的重要性：你家的哈士奇不會將糧食儲存起來，等冬天不方便外出覓食的時候再拿出來，但是你會。你曉得要控制自己短期享樂的欲望。這個時候人類行為的決策，更多是新大腦皮層在產生作用。

大腦在進化過程中，並沒有像尾巴一樣消失，而是在原來大腦的基礎上進行構建。這讓大腦中存在了更多原始本能的成分。不過，對於人類的生存是非常有益的。

維吉尼亞大學的心理學家強納森・海德特（Jonathan Haidt）的著作《象與騎象人》（*The Happiness Hypothesis*）中將人類的感性面和理性面的關係做了更為深刻的類比闡述。他將感性面比作大象，而理性面比作騎象人。騎象人懂得分析，更為高瞻遠矚，他會對大象下達行為的命令。但是他對大象的控制能力時高時低，很不穩定。

而我們的感性面就是更為龐大的大象，而且「聽不懂人話」，騎象人無法一直對其有很好的控制權。如果大象和騎象人對前進的方向不一致，騎象人對此往往束手無策。

這就是感性面與理性面的矛盾——一個渴望及時享樂，而另一個懂得克制自己。不過，我們生活中的決策大多都是感性且帶有情緒的。

當然，感性與理性也不是一直矛盾著。多數人喜歡做計畫，實際上就是在滿足騎象人（理性面），它對計畫階段帶來的滿足感大於執行階段。而想要說服大象（感性面），不能用「人話」，它聽不懂，這也是我們知道計畫很不錯但很難執行的原因。

想要執行計畫需要感性面的配合。理性負責分析，感性負責執行，方向一致時，它們的合作會很完美。

•虛假性疲勞引導逃避

一臺連續工作的機械，可能因為金屬疲勞現象而折斷，也可能因為摩擦過度，產生太多熱量而燒壞。人類也是如此，如果一直處於工作負荷狀態，也可能像機械一樣提前報修或壞掉。為了減少這種問題，大腦一直在保護我們，它會透過各種形式的提醒和行為激發，讓自己恢復，或告訴我們它累了需要休息。而大腦常見的保護機制就是睡眠、遺忘、逃避和不適應回饋。

大腦的機能保護

美國《科學》雜誌（*Science*）在多年前就發布了睡眠與老年失智症關係的研究。研究發現，睡眠不足很可能是導致老年失智症的因素之一。巴尼斯裘蒂亞聖彼得醫院的研究人員，以基因培育出有失智症的老鼠為實驗對象，研究了牠們的β－類澱粉蛋白

（β–amyloidprotein）水準。老年失智症患者腦內往往有這種蛋白沉積。

研究顯示，老鼠清醒時β－類澱粉蛋白水準上升，而入睡後下降。大衛・霍茲曼（David Holtzman）博士指出，研究人員干擾老鼠睡眠時，情況會變得更糟。也就是說，睡眠被剝奪，不利於大腦中β－類澱粉蛋白排泄，會慢慢在大腦中積累。想要分解或排泄β－類澱粉蛋白，需要消耗更多能量。

在這種狀態下，我們難以順利調動自身機能，工作效率會大大降低，處於一種睏倦的模式，表現出遲鈍和打不起精神的狀態。就像電腦後臺碎片檔愈來愈多，電腦運行被占用一樣，這時，想要運行程式的處理速度會愈來愈慢。

如果長期處於這種狀態，大腦就會提前「鈍化」，患上大腦疾病——就像電腦經常當機和檔案毀損一樣。

大腦是一個占據身體重量大約二％的器官，卻需要消耗身體約二十％的血氧和二十五％的葡萄糖。當大腦感知到身體能量下降太快時，它會透過各種方式來增加自己的能量並減少負荷，同時限制其他身體部位的能量消耗水準。比如在缺氧的時候，透過打哈欠的方式，讓大腦短時間內獲得足夠的氧氣。

另一方面則限制工作強度。長期處於較高的壓力和工作強度中，大腦會透過各種方式讓我們發現自己正處於什麼樣的狀態。

虛假疲勞感

經常長跑可能會有這樣的經歷：你覺得跑得很累，再跑下去就吃不消了。腦海裡不斷迴響著「我跑不動了」的聲音，但是一想到離預定的里程還有點距離，就決定咬牙堅持，於是繼續跑了許久。不知不覺中，你發現沒那麼累了，而且不知不覺竟然堅持到了終點。

為什麼會出現這種現象呢？答案依然在於大腦對自身的保護。生理學家將我們運動中第一次感到的疲勞感稱為「虛假疲勞感」（false fatigue）。開普敦大學運動科學教授提莫西・諾克斯（Timothy Noakes）認為，運動過程中第一次感到疲勞往往不是因為肌肉無法繼續工作了，而是大腦過度保護的監控系統發揮了作用。

大腦為了讓身體減少能量消耗，往往讓我們選擇低耗能的途徑工作或學習。一旦我們要做的事情不是習慣或熟悉的，大腦就會將這種行為歸類為高耗能行為，進而限制這類行為。

這與達爾文所說的頭腦進化原則相似——照顧生存是頭腦的主要任務，只要對生存有所威脅，它就會做出強烈反應。

尤其當我們遇到非生物性需求的耗能行為時，大腦潛意識會告訴自己不要去做。這種回饋在不發達的原始社會有著非常重要的意義，因為在複雜多變的原始環境中，消耗太多能量不利於接下來的捕食和逃跑。

沒有足夠的能量以捕獲食物並逃脫天敵傷害，會在自然選擇中被淘汰，而剩下的就養成了「偷懶」的天性，所以在生活中，不難看到很多動物吃飽就睡、睡飽就吃。對人類來說，到今天大腦還大量存有這種進化遺留。

我們接觸新事物時，初期往往容易退縮，因為理解新事物需要消耗很大的認知資源，這種不熟悉的感覺會讓大腦把這種事物歸類為讓我們「疲勞」的東西，進而退卻。堅持做一件讓自己進步、但是不容易做到的事情，往往令人非常頭疼。

堅持就是勝利

俗話說「萬事起頭難」，原因就在於此。做一件事最容易放棄的階段就是剛接觸的時候，會感到不適，非常想要放棄。這就是大腦的過度保護機制在發揮作用，它努力讓我們走「低耗能路線」，誘導我們享樂，希望我們放棄，以免消耗太多能量。但實際上，這種與新事物初始接觸產生的虛假疲勞感，往往在大腦的承受範圍之內。

就像在運動過程中，大腦感受到了不斷升高的心跳速度和快速減少的能量供應，它會努力告訴我們累了，需要休息。而第一次這樣的資訊回饋，往往也在我們能夠承受的範圍內，它並不是肌肉不能工作的表現，只是情緒和感覺。

這時決定我們能否堅持下去的重要因素就是對能力的認知。如果不夠自信，很容易就會放棄；而如果感覺有能力堅持，就能在過程中慢慢消除虛假疲勞感，進而堅持到底。

這種虛假疲勞感會在工作和學習的時候成為障礙，進而拖延。人腦的構建保留著很多原始成分，也註定了堅持不懈是一件很「奢侈」的事情。

• 享樂的大腦——滑手機的誘因

從生物學的角度看，享樂是本能。無論是食物還是性，都會帶給我們愉悅感。還是原始人時，能夠引起快感和愉悅情緒的主要是性和食物；如果這兩種本能不能帶來快感，人們就不會去做，其結局不是餓死，也會因為不熱衷交配而使後代消亡。古希臘哲學家伊比鳩魯的倫理觀也認為快樂是生活目的，是上天最大的善意。他認為若符合道德和法律規章等前提，追求享樂是一件無可厚非的事情。

「爛尾」的大腦

大腦演化在一開始並沒有欲望自控的部分。心理學家蓋瑞・馬庫斯（Gary Marcus）在《異機種系統：思維的偶然進化》中提到，當腦中形成新結構時，為了保持我們直立行走和跑動的功能，舊的大腦結構並不會消失。

這種「邊建邊用」的策略使大腦成了一個略微矛盾的場所，甚至有點「爛尾樓」的感覺。這也一定程度上造成了大腦一部分的「內部不協調」，甚至引起一些大腦疾病。

當我們還是單細胞動物時，一切行為的激發只是機械性地滿足機體本身的需求，都是不用腦子思考就能夠進行的。即使後來我們成了多細胞動物，和較為高級的動物類型，也進化出了簡單的大腦組織，可仍然沒有進化出完整自我控制的那部分大腦組織。

在進化過程中，大腦的這些區域沒有像猴子尾巴一樣消失，而是在原來的結構基礎上進行了適當更新和其他區域的構建。直到現在，控制我們行為的大腦成分依然是主要充滿生物本能的那部分，是處於大腦深處的那個區域，被稱為爬蟲腦（潛意識系統）。

然而這個大腦區域沒有多少思考能力，只能對資訊進行極為簡單粗暴的加工。看到草在動，它立刻想到的是「獅子來了」；看到黑影，想到的也是潛在的危險，進而讓我們提高警覺。也不懂如何從失敗中汲取教訓，只會機械式地執行對機體最節能、最安全的生存方式。餓了就會發出「找食物」的信號，遇到危險就發出「逃跑」信號，絕不停留。

而被新構建出來的兩個區域——邊緣系統和新大腦皮層，在對人類行為的控制上可能只有幾億年，而爬蟲腦對生物行為的控制甚至可以追溯到生命出現的那一刻。

爬蟲腦在進化的時間上遠長於新大腦皮層，在保證我們生存上，它一直很成功，因此我們對爬蟲腦的依賴更為根深柢固。經科學驗證，我們的行為決策大多數都源於大腦的爬蟲腦區域。

爬蟲腦的決策大多極度趨利避害。工作的時候，它會一直誘導我們拿起手機聊天，打開電腦遊戲，或和朋友外出遊玩。它就是希望我們能夠保存更多能量，不斷尋找食物和交配。尤其是遇到一點小坎坷的時候，它對我們的刺激會更加強烈，因為任何的挫敗在爬蟲腦那裡都會被歸類為潛在的威脅，進而引起「逃避」的應激反應。如果沒有新大腦皮層的控制，我們會直接向爬蟲腦妥協。

而這就會造成拖延。我們在執行過程中一旦遇到困難，爬蟲腦就會跳出來並提供各種享樂的選擇，讓自己避開那些讓人覺得勞累的事物。所以，當自己感到無所事事的時候，爬蟲腦不會自覺地學習和工作。如果新大腦皮層不夠強大，不用多久我們就會對爬蟲腦

「俯首稱臣」，進入享樂模式。

延遲享樂

我很喜歡《唐吉訶德》裡的一句話：「弓不可能永遠彎曲，如果沒有合法的娛樂，人性將難以生存。」如果是有所追求、並非安於平淡的人，過度追求享樂之下則容易讓自己走向平庸；而一個懂得思量長遠未來的人，往往能夠取得更大的成就。有心理學實驗證明，一個懂得延遲享樂（delayed gratification）的人，更可能有較大成就。

美國史丹佛大學心理學家沃爾特・米歇爾（Walter Mischel）曾針對四歲幼童進行了一項延遲享樂的實驗。實驗方式為每次找一位幼童進入一個房間，讓幼童坐在桌邊，研究人員在桌上放一顆棉花糖，並且告訴孩子自己要離開幾分鐘，如果孩子能不吃掉桌上的棉花糖，等研究人員回來之後，就能夠得到二顆棉花糖。

結果，大概有三分之二的孩子無法延遲享樂，在研究人員回來之前吃掉了棉花糖；另外三分之一的孩子則抵擋了誘惑，等到了研究人員回來，獲得了約定的二顆棉花糖。

十年之後，當沃爾特・米歇爾再次聯繫這些孩子的父母並且諮詢孩子們的狀況時，發現當初願意等到研究人員回來的那群小孩，長大後比較能夠自我激勵，擁有更好的抗壓性；而馬上就吃掉棉花糖的孩子，則更容易分心，缺乏動力，做事的規劃能力也較差。

從進化的角度看，大腦對享樂的需求非常大。因為較為原始的享樂都關係到物種發展和生存，無論是食物、性還是廝殺。面對這些如果都無法感受到愉悅，就會慢慢因為不吃東西而餓死，不接受性而絕種，最終被淘汰。而那些追求享樂的個體，則有更大的生存概率。

另外，在成萬上億年前，自然界往往沒有足夠食物，生活條件更為惡劣，更沒有發達的醫療技術，造成了我們的祖先壽命較短，而且經常處於複雜多變、朝不保夕的生活條件。也許早上還吃著剛捕獲的野鹿，晚上自己就成為獅子的盤中飧。

種種危險使我們的祖先養成了對危險極度規避、同時盡早享樂的行為模式，盡多地進食、盡多地繁殖就是基因存活下來的最優路徑。

經過億萬年的進化，這種行為模式早已成為我們的本能，印刻成為基因的一部分。並且，享樂的類型隨著社會發展開始泛化，不再侷限於食物、性和攻擊。但是我們的潛意識大腦不能進行細加工，凡是能夠引起快感的，它依然會將那些行為籠統地歸類為生存必需行為。

當我們看著滿桌子未處理的資料時，大腦的第一個反應往往是抗拒。

如果沒有足夠的壓力，比如說上司的督促和截止日的到來，讓我們感到緊迫，我們還是會選擇先玩手機壓壓驚的。畢竟，享樂和吃飯、睡覺一樣，是一種非常重要的生物性需求。

・驅動力的開／關

你能想像自己二十四小時處於亢奮狀態嗎？就像無法保持心跳一百二十次／分鐘，我們也很難保持對一件事的持續亢奮。

人的驅動力來源

一次偶然的情況下，名為詹姆斯・奧爾茲（James Olds）的社會心理學家錯將刺激大腦的電極植入小白鼠大腦中未被開發的區域，結果發現小白鼠受到電擊時，不僅沒有逃離被電擊的位置，到處亂竄，反而非常乖巧地待在原地，貌似在等待下一次電擊。

事實證明，小白鼠確實非常享受這樣的「虐待式」電擊。牠們被植入電極的大腦區域是「快感中心」，也就是後來所稱的多巴胺系統（dopamine system）。它能夠釋放出一種叫做多巴胺的神經遞質，讓動物產生繼續這種行為的動力。

奧爾茲也證明，如果可能，小白鼠會自己尋求虐待，哦不——刺激。

實驗人員設置了一個槓桿，當槓桿被按壓，小白鼠的快感中心就會感受到電擊。小白鼠一旦發現槓桿的作用，就會開啟「自虐模式」；牠們會不停按壓槓桿，直到筋疲力盡，甚至死去。即使在小白鼠旁邊放置食物，牠們也不會離開讓自己受虐的槓桿半步。

這就是動物長期處於亢奮的後果——提前衰亡。一個持續亢奮的人就像心跳二十四小時處於一百二十次／分鐘的運動員，註定無法長久生存，也會在自然選擇中被淘汰。在長期進化中，我們的大腦和身體系統已經進化得更為完善，形成了一套規避這種情況發生的機制。

感覺適應的過程

人體內除了興奮類遞質和激素，也含有大量抑制性遞質和激素，兩種遞質和激素基本上處於動態平衡的狀態。保證我們能在大部分情況下處於平穩狀態，但是也註定在大多數情況下，我們容易對一件事感到疲累，因而半途而廢或拖延。

「動作電位」的刺激閾值同時體現了生物體對其自身的保護。觸發神經元發送資訊需要一個閾值，這個閾值幫助過濾非常多的「小刺激」，讓我們避免許多沒必要的刺激和動作。

人類絕大多數能量的去處不是支持運動和思考，而是耗去近三分之一到三分之二的能量維持身體神經系統的靜息電位。想要靜靜地當個美男子還是很有難度的，那可是一件非常耗能的事。

如果我們持續對同一個神經元施以同樣的刺激，這個神經元的動作電位將會慢慢降低，甚至降至靜息電位的水準，也就是不再有任何反應。這樣的話，就不會因為持續應激而讓機體消耗更多能量，或產生過多不適感。我們稱這種感知過程為「感覺適應」，它指的是，由於持續暴露在同一刺激下，感覺神經反應性下降的過程。習慣於一種刺激即感覺適應，意味著大腦對刺激的敏感性降低；就像剛走進電影院就聞到爆米花的味道一樣，幾分鐘之後，就慢慢察覺不出這個味道了。

除此之外，在學習過程中反覆接觸到相同的視覺刺激時，也會產生類似的生理過程。雖然視覺系統的神經元會持續做出反應，但是隨著重複次數增多，強度會降低，這種現象叫做「重複抑制」。資料上大致顯示，對於重複出現的物體，神經的啟動水準會線性下降，六到八次的重複可以讓神經元的啟動水平降低五十％。

同樣地，當我們一直接觸相同事物，並產生了感覺適應，大腦對資訊的加工會本能地自動跳過這個過程，甚至加以排斥和抑制，慢慢地讓我們對它不再產生興趣，也無法打起精神。我們對一件事物最感興趣的時候是接觸的初期，刺激消退後，就可能對其感到厭倦。我們稱這種現象為「內捲化效應」。

有人可能晚上滿腔熱情發下各種明天要改變的豪情壯言，但第二天早上起床時往往拖延症上身。因為他們已經習慣了這個過程——在一開始興奮，慢慢麻木。以至於有時候會問自己：「我有說過要改變嗎？」

●不走陌生路——改變很難？

人類大腦的有意識決策系統非常複雜，而決策路徑相對較為固定。一般路徑大致可以總結為：

場景資訊的吸收→情緒加工→記憶／經驗抽取→認知思考→決策→行爲

資訊刺激達到感官閾值時，資訊會透過身體的感官系統進入大腦；一般是到「爬蟲腦」的丘腦組織，將信號「翻譯」成大腦能夠解讀的語言。再提取邊緣系統的海馬體中的經驗資訊，形成一定的場景記憶，這個時候已經有較為模糊的資訊思考加工可以做出反應。

但是更為精細的加工，需要透過理性的新大腦皮層進行認知思考，並且結合經歷和知識，憶起我們以前在這種場景或相似場景的選擇。幾乎同時在大腦杏仁體產生一定的應激情緒，透過經驗和記憶，做出當下認為的最優解，再將資訊傳達到小腦和「大腦警衛」網狀結構採取應激行為。

當然，動物產生應激行為，不用新大腦皮層也能夠完成。而不經過新大腦皮層就能夠產生的行為，我們稱之為無意識行為。生理學家曾嘗試切除小鼠的大腦皮層，結果發現小鼠依然能夠進行情緒學習和行為反應，這也在一定程度上佐證了佛洛伊德認為的「潛意識行為」的存在。

這個較為固定的行為反應路徑不像大馬路一樣暢通，它的複雜程度堪比森林裡面錯綜複雜的各種野路。大腦皮層區域本身就是一百五十億到二百三十億個神經元和數量巨大的神經膠質組成的。這條決策路徑在經過大腦每一特定區域時，就會進行一次新的加工，而且也會面臨各種選擇。就像走到一個擁有成千上萬條路徑的交叉口，裡面很多是已經被消化掉的「死路」，也有很多通向同一個區域。

任何一個環節的缺失，都會使一個有意識的行為很難產生。而在選擇是否拖延的決策時，其中最重要的是我們對一個事物的認知和記憶／經驗抽取。

簡單粗暴的潛意識大腦

如果我們對一件事物的認知是正面的、有所偏好的，便會因為這樣的認知，在記憶／經驗的抽取中產生積極的情緒。在面對這一事物時能更持久且有效率。

因為控制我們大多數行為的是潛意識系統，可是它的思維能力又極為有限，無法進行精密的加工。潛意識系統會把所有能夠讓我們產生愉悅感的事情都等同於「交配和進食」，認定是享樂的事情都會有保護和傳承基因，所以會不斷為我們提供動力。

當我們對一件事物抱以積極態度時，它就會啟動多巴胺系統，產生足夠的興奮遞質，同時減少相應的抑制性遞質，讓自己持續獲得愉悅感和動力，進而支撐自己的行為。

多巴胺系統中的尾狀核（caudate nucleus）可以說是動物行為的「方向盤」，它決定行為的方向。我們經常看到一些科學家沒日沒夜地思考，實際上就是因為他們對科學研究的認知極為正面，正在享受思考的愉悅感。雖然他們是在研究與學習，但是潛意識系統還是會認為他們在交配或進食，不斷給予動力。

但是，讓一個對科學毫無興趣的人去鑽研，一定會感到異常折磨，潛意識系統會認為正在遭受危險。所以，不要奇怪為什麼有的人能夠堅持幾天不睡覺、拚命玩樂，看書不到三分鐘就睏到不行。

大腦喜歡清晰的選擇

另一方面，「記憶／經驗抽取」這個過程對我們決策的影響非常大，以至於哲人也說：「我們只能想到我們知道的東西。」如果有一個選擇在記憶中非常模糊，我們傾向於選擇清晰而簡單的。

這些清晰而簡單的選擇，大多是潛意識大腦系統提供給我們的享樂型選擇，因為進食存活和產生後代是基因的第一宗旨，而能夠讓我們感到快樂的行為，潛意識系統都將它們視為同一類。也就是說，如果沒有足夠清晰的指令或目標，我們容易選擇享樂，放棄該堅持但是比較燒腦的選項。

一個清晰整體的記憶需要依賴大量神經元，它們之間透過神經纖維相互關聯，形成一片片記憶網路。我們可能聽過名人說哪本小說改變了他們的價值觀，但是從來沒有聽過他們說看了哪些「雞湯」改變了自己的價值觀。這是因為小說透過大量相似的內容加深讀者對同一個觀點的看法，慢慢構建成一個能夠啟動記憶網路的整體。而「雞湯」往往過於零碎，難以成為長期的、互相關聯的記憶，也難以對價值觀產生影響。

這裡我想表達的意思大概是：你可能看完一篇雞湯，對這篇雞湯裡面「念念不忘，必有迴響」的觀點很是贊同，心血來潮想要發憤圖強；就在準備埋頭讀書或工作的時刻，這個觀點可能就已經被拋到九霄雲外，因為缺乏深度及關聯的基因很難被提取，這個時候的你還是非常有可能拿起手機和朋友聊天或打開電腦遊戲。

如果想要改變這種讓自己拖延的決策，需要對有效信念擁有足夠的記憶強度，保證這個念頭鮮活與清晰。當我們面臨哈姆雷特式難題「To be or not to be?」時，才可能堅持一件很困難、卻能讓自己進步的事。

2 對症下藥

「據我們的樣本調查發現，很多人拖延只是出於習慣。這是在動力缺失的情況下，長期於決策中得到強化的一種行爲模式。」經濟學家道格拉斯．諾斯（Douglass C. North）認爲人在行爲過程中受益後，會不自覺地進行強化，不會讓自己輕易偏離；也就是說，會對曾經受益的行爲路徑產生依賴，改變則變得十分困難。

•從簡單開始的蝴蝶效應

生物在行為過程中非常依賴經驗，傾向於選擇過的行為和事物。生物學家做過一個實驗，在餵養老鼠時混進新的食物，小老鼠會主動剔除新食物，即使很餓也只會進行非常少量的嘗試。這種對新事物的適當警惕對生存有重要意義。

習慣是有慣性的。之前也提到記憶和經驗的抽取是行為決策中重要的一環，而習慣本身是一種動作記憶和體驗，它是我們儲存記憶最為深刻且牢固的方式之一。

在很大程度上，習慣往往結合了大腦的獎懲和趨避系統，並且在生活中無數次證實這一路徑的可行性。想要改變拖延習性，我們需要戰勝的是一整個結合了獎懲和趨避的行為機制，這是一件難度非常高的事。

如果沒有科學方法的指導和強大的動力支持，改變自己是非常容易失敗的。這是由人的動物性決定的。當然，習慣始終是一種習得性行為，只是決策過程中的高機率選擇，但不會是百分之百。怎樣才能有效地改掉拖延的習慣呢？

容易上手的第一步

做一件事情時，最好從簡單的部分開始。之前說過，大腦在接受新鮮與陌生刺激時，為了減少自身耗能，保存更多能量，會自發進行耗能等級的歸類，並在潛意識中告訴自己逃避，不要太累。

提出「舒適圈」概念的發展心理學家阿拉斯代爾・懷特（Alasdair White）也認為，一個人如果一直停留在熟悉和感到舒適的區域，很難取得長足的發展；但是倉促地跳出舒適圈，會讓人極度不適應，最後容易被「打回原形」，也會耗損其信心與動力。

這也是長期演化中留下的痕跡。假設在充滿危險的原始叢林中，因為做非生物性需求的事而耗去身體半數能量時，一旦突然從草叢中跳出一隻獅子，我們就會沒有體力逃脫。過度消耗能量在那種朝不保夕的生存環境下，意味著更大的競爭劣勢。所以，大腦對能量的管控非常嚴格。

做一件事情從簡單的部分開始，實際上是降低行為門檻，也是減少這個保護機制的喚醒程度。懷特也認為，真正的成長大多發生在舒適圈的邊緣。當自己適應這種較為緩和的變化，就能更有效且持久地發生改變。

這就是我們對行為改變的適應過程。就像突變的天氣會讓部分動物滅絕，如果變化過程較為緩和，動物便可能適應這種緩和變化，與環境協同進化；而我們的日常生活中，也有一些為了避免激發保護機制的商業行為。例如一些叫車軟體為了改變顧客的行為習慣，會透過各種「免費叫車」的活動，降低顧客線上叫車的門檻，讓顧客更有意願改變自己在線下叫車的習慣。等到顧客改變習慣後，便開始降低鼓勵使用的程度。而這時顧客們的習慣原則上已經改變，這個時候即使沒有鼓勵，還是會繼續使用這個軟體。

同樣地，其他行為的改變也可以採用這種簡單有效的辦法——要做一件複雜的事情時，盡可能降低改變本身的門檻，從簡單的部分開始。

一個人可能覺得自己非常頹廢，接著規劃了滿滿的日程計畫，可是堅持不了幾天就受不了了。這正是因為沒有遵循較為科學的辦法，跳離自己的「舒適圈」太遠了；也沒有循序漸進，讓身體適應這種突然的變化，所以才會失敗。

較好的做法是慢慢增加任務量。第一天設置較少的任務，能夠完成，身體也沒有感覺到較為強烈的不適應，再增加工作量。這樣的話，就能夠更好地適應需要的變化，進而讓改變持久而有效。

有難度的行為不利於改變

當然，對應做事情從簡單開始的另一種行為模式是「史金納行為模式」，有些人認為從最難的部分開始也能減少拖延。到底哪一種行為模式更好？

生物學上有一個概念叫做「馴化」，指的是讓能夠分解各種有機物的某種細菌，改為高效分解單一有機物。但是這個過程並不是直接強迫微生物改變，而是降低其他營養成分的含量，同時逐步提高需要分解的那種有機物含量，以慢慢實現。因為直接加入想要讓細菌分解的有機物而不含其他成分，細菌會因為不適應而死去。但是透過逐級進行，可以大幅提高細菌的存活率和有效分解率，更快培養出專屬細菌。

從簡單開始更符合人的生物特性。就像細菌的馴化過程，從最難的那部分開始往往不適合大多數人，史金納行為模式存在一定的後遺症。短期內大量投入、並完成少部分工作，反而會造成後期對簡易工作的拖延。這個模式更適合只需要短期投入的工作，不適合用於培養良好習慣。

總之，身體面對改變需要適應期，如果這個改變過於劇烈，身體無法承受，很容易造成「三天打魚、兩天晒網」的無效重複。

倘若要讓改變持之以恆，從簡單開始能讓我們對環境產生更好的生理適應，從而避免引發大腦的保護機制，這樣就更容易戰勝拖延的習慣了。

• 進步視覺化，改變更有效

如果大家認真觀察，就會發現很多網路遊戲都有升級模式，而且經常是透過非常顯眼、可以量化的進度條，讓我們看到再升一級還需要多少經驗值或殺敵數等。

網路遊戲為什麼這麼設置呢？實際上，這種設定非常符合我們的心理需求——對確定性的追求。

不確定性帶來的應激

就像之前說過的，我們的祖先看到草叢在動，卻無法得知裡面是什麼的時候，會產生很強的心理壓力，以防範隨時可能跳出來的獅子。我們對不確定性的厭惡是天生的。也就是說，當我們面對不確定的環境時，敏感的杏仁體會被啟動，杏仁體將應激信號傳送到下丘腦，生理上則會隨之釋放壓力類的激素皮質醇。

皮質醇亦稱「壓力荷爾蒙」，其功能具有兩面性。正常含量的皮質醇有助身體在壓力下回復平衡，但長期壓力會導致長時間分泌皮質醇，造成血壓、血糖異常。

但是高皮質醇水準狀態伴隨著高耗能。處於這種應激狀態對生理和心理的損耗非常大，人類非常容易為了逃避壓力而選擇享樂，尤其是對食物的需求，這時迫切需要補充能量。這也是為什麼人們不喜歡充滿不確定性因素的環境。

心理學家特威爾斯基（Amos Tversky）和卡尼曼（Daniel Kahneman）曾經做過一個決策實驗。讓被試者在以下的問題中進行傾向性選擇。

選項A：肯定會獲得二百四十美元

選項B：二十五％的機率會獲得一千美元，七十五％的機率什麼也得不到

雖然以上兩個選項在獲得獎勵的加權值上是相同的，都是二百四十美元。但是實驗發現，大多數人更傾向於進行風險規避，有八十四％的被試者選擇了A選項，以追求確定的二百四十美元。

對大多數人來說，「二鳥在林」確實不如「一鳥在手」。而這個實驗也說明我們處理資訊時，對風險有一定程度的厭惡；傾向於追求確定性，尤其完成行為的所需時間愈長，這種傾向就愈明顯。

如果遊戲設定依然是升級模式，卻沒有告知明確的升級進度，玩家不知道還要多久才能升級；隨著遊戲難度逐漸升高，很多人往往失去耐心，進而放棄。「無量化」模式是遊戲升級模式最早採用的方式，後來大多數遊戲都開發成進度模式，在升級進度下告訴玩家還需付出多少才能升級。因為大量資料顯示，「看得見」的成就讓玩家玩得更久。

同樣，如果想讓自己更有行動力，也可以將這種「遊戲模式」移入我們的生活與工

作中。透過看到計畫的完成度，增加確定性，從而讓自己更有信心堅持，也能減少拖延。一些工具型的手機應用程式也開始利用這個心理學研究，提高人們的效率。很多單字的背誦平臺都採用了這種可量化的方式。透過記錄使用者的成就（闖關、升級），並且讓用戶看到自己的成就（每天完成了多少個），進而獲得更多學習的愉悅感，也增加平臺的用戶黏性。

行動觸發扳機

當然，也有心理學家做過「可量化、具體性計畫」的相關實驗。彼得・哥爾韋策（Peter Gollwitzer）和他的同事發現，「行動觸發扳機」能夠有效激發人們採取行動。而這裡的「行動觸發扳機」指的就是具有確定性和可量化的計畫。

在一項研究中，他們告訴學生如果交一份描述自己聖誕夜活動的文章，就可以獲得額外加分，不過條件是：文章必須在十二月二十六號當天提交才能夠獲得加分。

大多數大學生都表示有意願撰寫並且繳交文章，但是最終只有三十三％的人如期完成任務。還有一批大學生也知悉以上要求，但是還要設定一個具體性、可量化的計畫：學生必須規劃好自己寫該文章的具體時間和具體地點，比如：我會在耶誕節早上九點到圖書館二樓寫這篇文章。結果，如期交出報告的比例高達七十五％。

哥爾韋策的相關研究顯示，當我們所面臨的環境更加複雜、情景愈不確定時，這種「行動觸發扳機」的效果會更好，因為這些場景需要消耗更多能量，帶來的壓力更大，我們也更容易受到壓力作用而妥協。

一項研究分析了「行動觸發扳機」對「簡單」和「困難」目標達成狀況的影響，結果發現：目標比較簡單時，「行動觸發扳機」將成功率從七十八％提高到八十四％，而當目標屬於困難等級時，一個可量化的目標將成功率從二十二％提升至六十二％。

這充分證明了一個「可量化、具體性的計畫」可以帶來多大的效能。

當我們設定了任務的進行時間和進行地點時，就會多一股推動自己的「承諾型力量」，進而規避了很多誘惑、壞習慣和其他瑣事的影響。

如果想要有效減少拖延，一個簡單的辦法就是在制訂計畫時，多給一些具體性要求和可量化的進度，這樣簡單的調整就可以大幅提高效率。至於如何才算一個好的「可量化計畫」，後面會有所提及。

• 有效重複——讓新的好習慣替代舊的壞習慣

「每當你產生一個想法，帶有這個想法的神經通路，其生化電磁阻力就會減少一些。就像在叢林裡清出一條小路，一開始非常費勁，但是隨著經過這條路的次數增加，這條路也會開闢得愈來愈徹底，所遇到的阻力也會變小。到最後，這條小路變得平坦而寬闊。」

上面這句話來自東尼·博贊（Tony Buzan）和巴里·博贊（Barry Buzan）的暢銷著作《心智圖聖經》（*The Mind Map Book*）。而這句話基本上也闡釋了「重複」對戰勝拖延的影響——讓我們更節省認知資源和生理能量。

經過足夠的科學驗證，可以大致知道大腦在運行過程中，原則上遵循以下三個原則：

一、在舊的神經結構建立新的連結。
二、形成功能高度專門化的區域，以辨別資訊中的不同模式。
三、學會從這些區域自動提取資訊。

而這三個原則決定了大腦具有高度的可塑性和反應的選擇性。當我們長期進行一種行為，實際上就是在建構新的連結。當這種連結反應足夠多時，大腦會慢慢形成一個專門處理這個行為的「綠色通道」。當面臨相似的場景時，大腦會對這種行為進行優先選擇，進一步形成自動化反應。

就像小時候可能會隔三差五不刷牙，因為覺得麻煩、認為無所謂。但是長大後，我們對刷牙並不排斥，甚至許多人一天不刷牙就覺得不舒服。實際上，這就是因為刷牙已經在長期的重複過程中形成了自動化反應，起床後可能忘記吃早餐，但是很難忘記刷牙。

人工智慧圍棋程式 AlphaGo 透過程式設定，可以判斷出獲得五十一%獲勝盤面的走法和選擇。同樣，我們的大腦在做選擇時也遵循一定的「程式」。重複一個行為時，會加重這個行為的選擇權重，從而在下一次面臨選擇時，在這個行為上有更多的偏向。

人類大腦認知功能由神經元組成的網路協同完成，每個單一神經元並不單獨承受獨立任務。如果神經元網路不斷處理相同的輸入刺激，此神經元網路內的工作分工會愈來愈精細且專門化。

隨著效率提高，一部分神經細胞就不再參與資訊處理過程，這樣大腦就達到了節省認知資源和生理能量的目的。而一旦一個行為讓大腦感受到「節能」，它就會在眾多的選擇中獲得優先權。

對於沒有當眾演講經驗的人來說，面對臺下滿滿人潮會緊張，這時大腦會釋放一種讓自己臉紅且心跳加速的類激素（皮質醇）。但是對於那些上臺經驗豐富的人來說，他們大腦分泌的皮質醇含量較低，而他們的大腦裡會釋放更多多巴胺，也就是說，他們已經對這種場景產生期待，並且享受這個過程。

同樣，我們第一次面臨兩難選擇的時候，大腦也會分泌壓力激素皮質醇，但是隨著對這個選擇嘗試次數的增加，可能不一定會釋放愉悅因子，但是至少可以在選擇時不會有太多壓力，從而消耗過多認知資源和生理能量。

但是，重複也要講究效益，並不是短時間內大量重複就能夠讓自己有明顯改變。這不僅事倍功半又累人，而且會打擊人們想要改變的信心和動力。

習慣的形成最主要的特點是穩定性，細水長流式的改變更有效、更持久。正如張愛玲所說：「忘記一個人最好的方式是愛上另一個人。」想要改掉一個壞習慣最好的方式是用另一個習慣來填補它。想要改變拖延這個習慣，需要開闢出一條新的行為路徑去替代。而這條路徑的開拓需要我們不斷重複。

很少人會因為「吸菸有害健康」的警示語而戒菸，因為這種建議並沒有給人們別的行為模式代替吸菸，而真正能戒菸的人往往是從抽電子菸開始慢慢控制下來。這個方式的原理也是如此——一個行為的改變最好有另一個替代行為。

當這條行為路徑的加權數大於拖延的路徑加權數時，我們就會更傾向於新的行為路徑。

● 讓改變像玩遊戲一樣有趣

我在學生時代非常喜歡去圖書館讀書。一開始，我喜歡選那些沒有人能看得到我的地方，遠離喧囂，安安靜靜地讀。但是後來發現了一個問題，就是看書看不到一會兒就會走神得非常厲害，而且總是無法回神，於是「愉快的」一天就這麼過去了，而我依然腦袋空空，毫無收穫。

一起做事效果更好——社會助長作用

後來，我在大衛・邁爾斯（David G. Myers）的《社會心理學》（*Social Psychology*）中看到一個概念——社會助長作用。社會助長作用講的是，做自己擅長或不需要高技術要求的事情時，我們會因為身邊有其他人而使效率得到提升。

社會學家特里普利特（Norman Triplett）觀察自行車手的成績後發現，自行車手一起比賽時，他們的成績比單獨和時間賽跑時的成績好得多。在他的另一個實驗中，他要求兒童以最快的速度在漁用捲線上繞線，結果發現，當兒童一起做這件事情時，他們的速度都比單獨完成時快得多。

讀書相對來說不需要很高的技術要求，基本上不用極為精密的「操作」，所以我後來根據這個心理學效應調整位子，選在能讓人看到的地方。後來的體驗確實證明學習效率有所提高。除了少數「放閃」的人，來圖書館的人大多是來讀書的，他們的行為也影響我，一定程度上同時刺激了我潛意識裡的競爭意識。另外，偷懶時就會感受到行為與周圍不一致的不愉悅，進而讓自己更專注在讀書上。至少，恍神不到一會兒，眼前晃過一個人就會把自己的神叫回來了。

實際上，社會促進是一套監督機制，它利用的是我們對自己形象管理的需要。人區別於動物的一個特點就是人具有社會性，我們很多行為的習得是基於社會約束和社會提倡。當我們處在個人世界時，行為會更加接近本能。所以有人經常提到：看一個人的人格品質就看他獨處時的選擇。當我選在圖書館裡沒有人打擾的地方讀書時，實際上就更容易做出基於本能的反應——恍神和偷懶。

後來選擇到人多一點的地方，一定程度上也是構建了監督自己行為的機制。想要偷懶時，會受到周圍其他讀書的人影響。同時，為了維護潛意識裡受到認可的社會形象，這種需求會推動自己對學習的投入度，進而提高學習效率。

除了社會助長效應可以充當我們的監督機制，還有哪些可以用來充當監督機制的心理學效應呢？另一個較為簡單的辦法是實行嚴格的獎懲制度。

心理獎懲

趨利避害是動物的天性。在一定程度上，每個人內心裡都藏著一條「巴夫洛夫的狗」，可以透過關聯學習，進而習得一種行為。一旦形成反射性關聯，就可以自發地進行這個行為。

生理學家巴夫洛夫（Ivan Petrovich Pavlov）在進行生物學實驗時，發現了一個有趣的現象：有一些狗在食物出現之前，聽到送食物人員的腳步聲或其他刺激，就開始分泌唾液。後來他認為，狗的這種反應不僅具有生物學上的原因，也是一種學習的結果——即經典性條件反射。經典性條件反射指的是，一個不完全關聯的刺激與引發某種反應的刺激結合，使這個不完全關聯的刺激能夠引起同樣的反應。

這種學習方式同樣適合人類。以前，我朋友也是透過這種方式舒緩考前焦慮。她挑了一首非常溫柔的歌，在房間裡無干擾地聽上十分鐘左右，搭配深呼吸練習，讓自己盡可能地放鬆，並且不在其他時間聽這首歌。幾星期的堅持下，再聽到這首歌時，她會自然地感到舒緩。後來，她每次考試之前都會聽個幾次，以減少焦慮，更專注於考試。

這種反射如果結合獎懲，將能有效地減少我們的拖延現象。小時候，在課堂上表現優秀的時候，老師經常會給我們蓋章做為榮譽的象徵，這時會引來周圍小朋友的羨慕。實際上，這就是典型的關聯學習，透過蓋章做為刺激，習得表現好就可以得到獎勵的行為，進而培養成「表現好會得到獎勵」的反射。

另一方面，時間管理上有一個帕金森法則：時間愈多，就會傾向於慢慢完成這個任務。一得知明天是「期限」時，就會想到潛在的懲罰，如被指責不守時或被老闆批評沒完成任務。而時間愈多，我們對這種「潛在懲罰」的感受就不會那麼強烈。同樣地，在工作或學習過程中可以設定一個時間限度，若在限度內完成任務，可以獎勵自己一塊巧克力；沒能夠及時完成任務的時候，例如懲罰自己跑操場一圈。

吃巧克力能在大腦中釋放複合胺，讓我們更愉悅，進而提高學習積極性；適當的運動幫助身體產生血清素和腦內啡，讓身體恢復平靜，減少焦慮。這些其實對工作和學習效率都有幫助。

獎懲的內容當然可以自行設定，最重要的一點是嚴格執行。因為只有嚴格執行才能產生較為緊密的條件反射，不至於因為功能泛化導致失效。

• 有效放鬆，正確休息

有一次，我看到同事在社群軟體上發了自己熬夜趕工作進度的圖文，老闆看到後給了他一個讚，他也評論自己：「我愛工作，工作使我快樂。」但是過沒幾天，他就到醫院打點滴了……

列寧曾經說過：「一個不懂休息的人也不懂工作。」如果想透過時間累積工作和學習成效，只會陷入低效率的封閉循環——白天低效，晚上補救，從而導致後續工作效率更差。

不休息的後果

大腦在運行過程中會產生一種叫β—類澱粉蛋白的物質，它會影響大腦運行。就像電腦在運行過程中會產生大量碎片化的垃圾檔，進而影響電腦運行，人類大腦也是如此。

β–類澱粉蛋白會引起記憶功能紊亂，若長時間持續會影響語言能力和生活自理能力。這也是為什麼很多人上了年紀就記憶力衰退、生活不能自理。隨著年齡增加，排毒能力有所下降，大腦內的有毒物質長時間積累，達到較高水準後就會造成影響。

如果長期缺乏睡眠，絕大多數人都會發覺效率明顯降低。因為我們的大腦不僅在做眼前的事——哈欠連連地讀書或工作的同時，大腦正在高耗能而低效率地排毒。工作過程中，大腦除了在工作，還需要騰出一些能量去消除毒物的影響。長期睡眠不足，等同於加速毒物在大腦中的積累過程。毒物積累到一定程度時，記憶力和身體免疫力都會明顯下降。

如果不懂得休息，就很難保證學習和工作效率。不過，我們該如何休息才能有效提高自己的效率呢？

大腦「輪休」

休息不一定意味著停下手頭的工作。

心臟是人體最高效的器官之一，在我們的一生中，它需要跳動三十億到四十億次。看起來它一直在工作，實際上它也經常在內部輪班休息。當心房收縮的時候，心室就休息。

心室收縮的時候，心房就休息。這種輪班休息保證了心臟長時間的工作。

我們提倡休閒與工作並行的同時，也提倡「文理結合」等，它在一定程度上是一種大腦內部組織的輪休。人類的大腦分為兩個半球，雖然外形沒有明顯區分，但是它們控制的功能卻大相徑庭。左半腦主要負責語言、閱讀、思考和推理，傾向於逐個處理資訊，一次只加工一個；右半腦主要負責的是理解空間位置關係、模式識別、繪畫、音樂和情感表達，更傾向於綜合處理資訊，進行整體加工。

某些行為可能只受一側腦的支配，稱之為大腦的「偏向性」。而「文理結合」的工作或學習，事實上就是利用了大腦的這種特性。我們閱讀和思考時，主要用的是左腦；而當構思圖畫和分類時，主要用的是右腦。執行其中一種工作時，一定程度上釋放了另一邊大腦的壓力，讓它處於休息狀態。這樣的輪換能夠保證我們長時間高效學習。思考數學累了就讀一下語文，工作累了就聽聽歌，這些都是比較有效的休息。

不過也有很多事情需要同時調動兩邊大腦，這個時候「文理結合」的侷限性就比較大。可以考慮走動、走動，進行簡單的鍛鍊。坐久了會覺得腳和臀部麻酥不舒服，甚至浮腫，這是因為久坐讓身體處於靜態的那部分血液循環變慢，而動的那部分身體血液循環較快。為了避免這些小毛病，一些人會不自覺地抖腳，事實上這是在抵抗血液滯緩。

大腦雖小，耗氧卻很大。當血液循環變慢，能夠供給大腦的氧氣量會降低，此時更容易疲累，也更容易受到大腦的自我保護機制影響，透過各種方式，讓自己選擇暫停學習或工作這樣的高耗能任務，減少壓力。起身活動、到外面呼吸一下新鮮空氣，可以有效調節血液循環和血含氧量。感受到能量恢復後，大腦就會降低對工作或學習的排斥。

如果能到草地上散心會更好。很多人可能都有這樣的體驗：走過一片新長的草地會不自覺地感到身心放鬆。這是因為土壤會釋放能夠讓人愉悅的化學物質，如一氧化二氮（又稱笑氣）。在愉悅狀態中讀書或工作，效率也會有所提高。

主動休息

休息分兩種：一種是主動休息，一種是被動休息。

肚子咕嚕叫時，其實已經在消耗我們的脂肪了，而感到疲累時，在之前我們的身體就開始抵抗了，而這個時候的休息就屬於被動休息。

我們應該盡可能地保持一種規律的休息和工作模式，在疲勞出現前就適當地休息，可以每工作四十分鐘，休息五分鐘。

在方式上，看肥皂劇、上社群網站屬於被動休息，簡單鍛鍊和五分鐘小休息屬於主動休息。前者能夠帶來短暫的多巴胺遞質增加，後者能夠有效提高催產素水準。多巴胺能帶來一定的愉悅感，但是它屬於遞質類愉悅因子，有效性非常短。暫停看劇和上網時，它帶來的愉悅基本上就會停止。而簡單鍛鍊和休息片刻產生的催產素和血清素屬於激素類愉悅因子，帶來的時效更長，當我們再次投入工作和讀書，它會繼續發揮作用。

長期睡眠不足是很多人拖延的重要因素之一。長期睡眠不足會導致身體的皮質醇水準提高；當人們處於高皮質醇水準，更會逃避那些覺得費勁的事。

人們的「夜生活」愈來愈豐富，睡眠時間有所推遲，但是起床時間沒有太大變化，因此很多人都處於睡眠不足的狀態。所以，看到有些人明明有做不完的事情，白天依然使勁玩，也不用覺得奇怪。

• 記憶的線索——到適合的地方，做想做的事

我家樓下有一間很不錯的餐廳。這間餐廳有很多特點，它的牆是紅色背景的壁畫，而且放的音樂通常屬於快節奏的，椅子也比別的地方高一些。後來我才知道，因為店租費用高，他們適當地縮小了店面面積。但是人又多，於是他們布置了讓消費者吃完就盡快離開

的環境，進而提高翻桌率。這家餐廳利用的就是環境對行為決策的影響。

環境深刻影響我們所做的選擇和改變。面臨不同環境，我們提取出來的記憶會有所改變，正如我看過的一個段子所言：「一個女人只有在照鏡子的時候才會記起來昨天的減肥宣言。」面對鏡子這個環境時，我們能更充分地關注自己，進而喚醒「需要減肥」的記憶，而處在別的環境下，這個記憶就比較難被喚醒。經常看到健身房裡都設有鏡子，其目的之一就是為了讓我們更容易觀察自己的變化，透過這種方式，喚醒「追求一個完美自己」的記憶。

紐約從「罪惡之城」變成了國際大都市，也利用環境對人的影響這條定律。二十世紀八〇年代，紐約市每年的重大犯罪事件高達六十萬件。街頭隨處可見各種塗鴉和廢棄車輛，使盡手段，卻無法降低犯罪率。心理學家喬治・凱林（George L. Kelling）建議從清理地鐵和街道塗鴉開始。經過一九八九年到一九九三年共五年的清洗，一九九四年時，美國的重大犯罪率大幅降低了七十五%。

喬治・凱林看到的正是環境對行為的影響。一間房間如果破了一個窗戶沒有及時補上，房子的其他窗戶也會被莫名其妙地打破。當我們處於混亂的環境中，思緒也容易變得混亂。看到地面髒亂時，我們亂丟垃圾也會變得心安理得。同理，當周圍環境裡都是拖延的人，我們也更偏好此道。

如果想戰勝拖延，可以透過改變周圍環境來實現。不同環境會讓我們有不同的心理喚醒——這是一種警備狀態，表示個體在做一件事情時是否在生理和心理都做好準備。就像運動員需要熱身讓自己發揮得更好，我們在讀書和工作時也可以營造這樣的喚醒狀態來提高效率。

處在較為昏暗的環境中，更容易覺得睏。視覺神經系統接收到昏暗的信號，並將信號傳遞給松果體，這時體內會分泌褪黑激素，這種激素是促進睡眠的物質，會讓我們感受到睡意。因為人體機制已經習慣在夜間睡眠，當環境昏暗時，睡眠意識會被喚醒，從而引起生理變化。如果想要讓自己在工作和學習中更清醒，就要營造一個比較明亮的環境。環境允許的話，也可以在書桌上放盆栽。

同時，最好保持桌面的整潔。混亂的桌面容易讓視覺上收到的訊息量過大，進而感到煩躁。

在宿舍或家裡做事時，會發現自己總是下意識地拿起手機，爬上床，和朋友互相調侃或聊天。這種效率肯定遠低於在辦公室或圖書館做事的效率。因為我們的習慣和思維認定宿舍或家裡是用來休息的，處於這樣的環境，被喚醒的狀態便不是做事而是休息，在休息的喚醒狀態下做事和剛吃飽飯就跑步一樣，效率很低。

另外，處於高噪音的環境中，我們會產生心理煩躁和注意力不集中。即使能夠盡量克制自己的情緒，在這種環境下做事會消耗更多精力。

如果想讓自己的效率有所提升，就要盡可能到適合的環境裡。當然也有人能夠克制自己的各種意念，在各種環境中做自己的事，不過這需要足夠的訓練以適應。如果有適當的幫助條件，還是沒有必要這樣挑戰自己。

3 3C時代的長效自控術

手機這些3C產品背後，都有成千上萬的產品經理，甚至心理學專家，透過創造用戶對手機和應用程式的使用舒適感，增加產品的用戶黏性。想抵制手機的誘惑，失敗的總是大多數，畢竟「敵人」太強大。但是「敵人」雖強大，他們利用的原理卻很簡單。

•時間「黑洞」

資訊具有生物性，它對我們生存的助益不亞於食物和水。生態有三個基本功能：物質循環、能量流動和資訊傳遞。而前兩者的實現基本上都有資訊傳遞的參與，每個生物體都是資訊的接收者和釋放者。

一群獅子在吃一隻野鹿之前，獅子需要根據牠獲得的資訊，判斷哪隻野鹿容易捉住並進行選擇，再根據野鹿的逃跑方向進行伏擊。

更能突出資訊重要性的例子是蝙蝠的覓食過程，蝙蝠的視力極差，但是牠們進化出一套水準高超的「超聲波定位系統」。能夠透過聲波脈衝的變化判斷獵物的大小和方位。如果無法獲得聲波資訊，蝙蝠也會因為找不到食物而滅絕。

當然，資訊除了幫助獵取食物，還能躲避敵害。一些學者認為，生物最早出現的資訊接收器是嗅覺，透過吸收外界散發的化學信號，判斷環境和食物是否有害，進而做出反應。當我們的祖先看到獅子的腳印或糞便，可以很快判斷出獅子就在附近出沒，並且選擇盡快離開；當在植物上頭聞到難聞的氣味，就會判斷它是否有毒，從而決定是否食用。這就是資訊的重要意義——資訊是生存的根本。我們需要足夠資訊才能保證繼續生存。透過不斷進化，我們的潛意識裡充滿了對訊息的渴望。

我們需要透過資訊獲取食物和躲避天敵，當訊息量不夠，潛意識會感覺到「不安全」。這也難怪我們進入新環境時，總是不自覺地環視一圈，這樣才能夠全面地接收資訊，判斷是否安全。

遠古害怕缺乏資訊，是擔心草叢中突然跳出來的獅子；現在我們擔心缺乏資訊，是因為擔心處理不及而被上司責怪，或錯過情人的邀約。但是本質上都反映對資訊的生物性需求，足夠的資訊帶給我們的是安全感。

所以，當我們看到臉書和LINE上面的小紅點和數字時，總是不自覺點進去，即使那些資訊不怎麼重要。

分享資訊能獲得敬重

資訊對生存的重要性也延伸出另一個讓我們迷戀手機和資訊的原因——可以透過分享資訊獲得敬重。原始社會中，資訊的重要性不亞於分享食物，兩者都能夠提高族群的存活率。個體占據的資訊愈多，能夠得到的尊重也會倍增。我們經常看到的書籍或電視情節是群體裡一個年輕力壯的人做為領袖，也經常存在一個老者做為族群中最受尊敬的人。澳洲的一些土著民族甚至用年齡大小分配配偶，不到三十歲的男人很難有對象。這是因為以往資訊流的傳遞速度相對滯緩，資訊的多寡往往象徵著經驗豐富的程度，年長者擁有更多的經驗與資訊，其意見具有很高的參考價值。

同樣地，雁群中最受信任的是放哨的雁子，因為牠的資訊能夠提高群體生存率。而有經驗的獵手常虛假進攻，讓放哨雁產生警報，獵人再隱藏自己。兩、三次之後，雁群就會對放哨雁產生不信任，這時獵手就開始展開狩獵。

這也是我們不能容忍說謊的原因，因為虛假資訊會讓生物產生對存亡的高度焦慮。而分享有效且真實的資訊，能夠讓我們獲得尊重和信任。很大程度上造成我們沉溺於網路社交。如果資訊愈少人知道，或覺得這資訊很重要，分享後我們會獲得更多愉悅感。所以，一些社群網站上的雞湯和謠言都很強調它的稀有性和重要性，以達到瘋傳的目的。

資訊的減壓功能

除了以上兩個原因，還有一個很重要的原因導致我們手機成癮，就是需要透過手機娛樂減少焦慮和壓力。有人對日本動漫、AV和秀場節目的發展進行了分析，發現這些娛樂節目發展得最好的時期基本對應著日本經濟衰退或停滯的時期。同樣，中國也有這樣的趨勢，經濟增長放緩的時期，影視文化和真人秀節目等出現蓬勃發展。這也是我們常說的「口紅經濟」（即「小確幸經濟」）。當經濟下行和社會壓力過大時，人們更傾向於選擇購買那些低成本且能取悅自己的商品。為什麼會出現「口紅經濟」這種現象呢？

當感受到壓力時，我們體內會釋放皮質醇。皮質醇幫助分泌更多能量對環境進行應激反應。當我們看到草叢中跳出一隻老虎時，如果沒有皮質醇的幫助，會在原地嚇得屁滾尿流，動彈不得。正是由於皮質醇幫助，我們的肌肉才會釋放出大量胺基酸，肝臟也會釋放出更多葡萄糖，脂肪會釋放出充足的脂肪酸，迅速提供充足能量，讓我們能在老虎一出現時選擇逃跑或搏鬥。

但是皮質醇的含量如果過高，我們的能量會在短時間內被大量消耗，這也是為什麼長期處於壓力下的人變得消瘦且更容易生病，因為脂肪、肌肉和肝臟都被嚴重耗損，維繫自身的能量過少，排毒器官又受損。此時，大腦自我保護機制就會被啟動，行為「方向盤」——多巴胺系統就會調整行為路徑，讓我們選擇一些能夠轉移注意力的方式，降低對當下場景的激素反應，達到降低皮質醇的目的。而滑手機恰恰能夠達到轉移注意力的目的，減少焦慮感。

社會壓力過大時，從宏觀上會出現「口紅經濟」，從個體看則容易讓人貪圖享樂。而其中能夠有效降低焦慮的資訊就是八卦。

社會學家湯瑪斯・霍布斯（Thomas Hobbes）認為，人們總是處於相互競爭的環境中，並且不斷尋找別人的缺點。存在的競爭性愈強，就愈會透過尋找他人的缺點來取悅自己。我們總喜歡看那些出眾明星的各種窘迫，因為他們占有更多社會資源，在潛意識裡擠壓了我們的生存。這也是為什麼娛樂消息的熱點大多是出軌和互相批評。這兩者都能夠讓我們看到別人的窘迫，進而在比較中獲得愉悅感，短暫消除我們的焦慮。

分享資訊能夠獲得敬重，看八卦能夠減少焦慮，這些都直接導致了我們高度依賴手機和郵件等，由此可見資訊對生物的重要性，這也是手機和各種手機應用程式背後成千上萬的產品經理讓我們「上癮」的方式。

• 網路社交與IQ的拉鋸戰

可能有些人認為使用社交軟體和玩手機只是占據了大量的時間，讓我們無法完成任務而已。但事實是，經常上網和使用社交軟體對大腦的影響是持久的。

萎縮的大腦組織

史丹佛心理學家阿波卓德（Aboujaoude）對網路成癮者進行測試，發現經常上網的人，他們的大腦前額皮質發生了一些變化，其中記憶、語言、運動和情緒的大腦區域比正常人小了百分之十幾。

另外，很多人將社交網路做為形象管理的工具，很大比例的人在發動態時會考慮發什麼內容不會引起反感，看到別人得讚數比自己多時會產生嫉妒。而這會過度刺激杏仁體，讓我們的神經變得愈來愈敏感。

心理學家魯夫特（Joseph Luft）和英格漢（Harrington Ingham）提出了自我展現的「周哈里窗」，認為我們在行為和認知上會將自己分為四個部分：開放我、盲目我、隱藏我和未知我。

面對不同人群，我們會展現不同的社會角色，而社群網站是一個「公開場合」，即使有分類展示的功能，也很難總是準確掌握向誰正確展現。這些會對自我的同一性造成干擾，讓我們產生社會性格焦慮和不協調。

還有，我們也在追求資訊的確定性：因害怕錯過資訊而產生強烈的手機焦慮。

像我就曾經有嚴重的手機幻聽。我在實習時選擇了一間傳媒公司，公司對社會熱點有種盲目的追求，會不定時打電話要我追蹤熱點，於是常在半夜隱約聽到手機震動的聲音，並起身查看。當然，因為實在吃不消，後來我也辭職了。

長期處於令人不安的環境中，會讓我們產生嚴重的焦慮。這會導致大腦海馬體變小，而海馬體是記憶庫存，負責部分記憶功能。換句話說，經常上網和瀏覽社群網站會讓大腦功能產生一定程度的衰退。前額皮質會參與我們的行為控制，而海馬體則會負責記憶能力。當這兩者都萎縮，我們將會陷入一種惡性循環——自制力和認知能力下降，變得愈來愈沉迷於網路社交。

我們使用手機時，一些非必須的應用程式能刪除則刪除，不能刪除就關閉提醒功能。我個人就已經關閉朋友圈將近一年半的時間了，這給我節省了很多時間。

蒸發冷卻效應

關閉朋友圈後，一開始我也會感到不安，但是一段時間後，發現生活根本不受其影響。可能有些人認為，沒有經常在朋友圈互動、點讚會讓朋友間的感情變淡，以後也不好叫別人幫助我們。但實際上，這樣的時間投入與收益相比則非常不划算。

很多時候，我們誇大了朋友圈和社交網路對自己的社會作用。社交網路的關係有一個「蒸發冷卻效應」。在社交場合中，最不想參加聚會的人，正是大家都希望能夠來的人；最不想掏出名片的人，正是大家都想要與之交換名片的人。相反地，那些最想與別人結交的人，往往是大家最不想結交的對象；那些最想說出自己看法的人，往往是大家最不願意傾聽的人。

如果想要真正獲得別人的幫助，花在社交上的投入往往是單向的，很難有一對多的功能；而提升自己，反而能夠充分實現一對多的功能。即使少了一個人的支持也不會對自己造成多大影響，後者的投入與收益也更為持久、有效。

● 接納性對抗——減少手機的負面影響

手機普及是社會趨勢，我們的生活愈來愈不能沒有手機。前面兩節分析了手機對我們的各種負面影響，但是手機愈來愈像是身體的一部分，難以捨離，我們也愈來愈難與手機保持距離。

怎樣才能更有效地減少手機對自己的負面影響呢？

知己知彼才能百戰百勝。現在，我們已經知道為什麼會對手機沉迷，了解手機背後成千上萬的產品經理和心理學家對我們施行的「小把戲」後，可以對症下藥了。

增加確定性

大腦害怕不確定性，那就提供確定性。當我們認為周圍環境是安全的，就可以大幅降低對手機的依賴——該如何提供給大腦確定性呢？

前面說過，之所以害怕錯過資訊，是因為擔心對方的不理解從而責怪我們。可以盡量讓對方知道我們在做什麼。比如，有人發來一條訊息，但是看到我們的頭像裡面寫了些字，點進去看，知道現在是工作時間，只能晚上八點後才有空回覆。這時對方便多了一些理解，可以減少被誤會的焦慮。

我也會提前向經常有事找我的朋友說明狀況，如果訊息沒有及時回覆，最好透過郵件或打電話給我，並修改了自己的備註，加上電話號碼。這樣的話，如果對方確實有事，就會打電話給我。發社群訊息的，我就默認為屬於不急的情況，即使上班期間錯過了也不用擔心。

在這種方式下，我忙起來可以幾天不打開社群軟體，也少了很多無端的焦慮感。

提高娛樂成本

我經常在出門前卸載一些耗時且非必需的應用程式，比如微博和知乎。在路上想要逛逛知乎或微博的時候要重新下載，可是考慮到流量費用，就會卻步。

我就是這樣透過簡單增加享樂成本，減少自己消耗在手機上的時間。千萬不要小看這種看似笨拙的辦法。人都是權衡利弊的動物，一注意到事情的成本高於收益，我們就會重新考慮。

心理學家羅斯（Lee Ross）和尼斯伯特（Richard Nisbett）曾經做過這樣一個實驗：他們區分了「熱心學生」和「自私學生」，其中一部分學生收到一封簡短的信，被告知下週將舉辦愛心食物捐贈活動，請他們帶食物到學校廣場。而其他學生收到一份較為詳細的信，包括捐獻的活動地點和對食品的要求，還建議學生順道經過學校廣場時捐贈，這樣就不用多跑一趟。兩份信隨機贈發送給「熱心學生」和「自私學生」。

結果顯示，收到詳細信件的學生中，有四十二％的「熱心學生」捐獻了食物，「自私學生」也有二十五％的學生捐了。而收到簡短信件的學生中，只有八％的「熱心學生」捐出食物，而「自私學生」捐獻率為零。

這兩個對照組最大的區別是有無地圖。這麼一個簡單的舉措，讓他們感知到的成本發生了非常大的變化。這也側面告訴我們：永遠不要低估一個人能有多懶。

如果想要盡可能減少對手機的依賴，可以透過增加打開應用程式的成本來實現。

保持「管道喚醒」

抱著買衣服的目的去買衣服時，可以很快買到想要的衣服。但是如果目的是為了休閒逛街，買一件衣服所需的時間會長得多。後者的「瀏覽量」大於前者，但是收穫率卻沒有前者高。這是因為在後者的場景，人被喚醒的狀態是閒逛，還沒有認真看完就渴望到下一家去。

其實就像在網路上學習，瀏覽大量資訊不代表能夠學到那麼多知識。我在前面說過，面對不同的事物和環境，產生的心理喚醒狀態也不一樣，而只有當喚醒狀態和目的統一時，才能讓人擁有高效率。

為什麼很多人排斥線上學習，認為看書還是看紙本書好呢？當我們打開社群網站，即使在裡面看到的是乾貨，這類網站對我們的喚醒也是以娛樂性和社交性為主。這就導致喚醒狀態和目的不一致，這樣的知識很容易成為過眼雲煙。而當我們打開一本充滿內容的紙本書時，因為教育讓紙本書對我們的喚醒通常是學習知識，這時候學到的東西就會更持久。

這些人站在自己的立場就會認為想要學到更有效的知識，還是需要透過紙本書。但是，線上學習其實也能達到持久有效的目的，是我們需要將學習管道特定化。例如持續用一些電子書設備閱讀，當我們培養起它對學習知識的心理喚醒時，就可以高效地使用這些設備增進知識。

• 完美計畫不完美

我看過一個關於胡適留學時候的日記規劃段子。大致內容如下：

……

七月十三日：打牌

七月十四日：打牌

七月十五日：打牌

七月十六日：胡適之呀胡適之，你怎麼能如此墮落，子曰：吾日三省吾身……

七月十七日：打牌

七月十八日：打牌

……

相信很多人都遇到過這種讓自己哭笑不得的時刻。花了大半天，做了一個感覺近乎完美的計畫，頓時信心滿滿，感覺成功就在眼前。然而，第二天卻一臉賣萌地躺在床上默念：再睡一分鐘就起床，然後……

古語也云：「凡事豫則立，不豫則廢。」計畫在工作和學習過程中有其重要意義。即使我們經常計畫，而且有很大部分以失敗告終，計畫的作用仍不可否定。心理學家卡尼曼（Daniel Kahneman）與特威爾斯基（Amos Tversky）透過實驗證明，人們做決策估計所需時間時，往往於過於樂觀，低估完成計畫的時間長度並高估計畫的完成度。這種現象在心理學上稱之為「計畫謬誤」。而且，大多數人即使有過因而失敗的計畫經歷，仍然無法好好地根據經驗來改進計畫。

研究證明，無論是集體計畫還是個體計畫，都存在明顯的計畫謬誤。就拿學生時代的經歷來說，我們經常訂的計畫是寒假把帶回家的書看完。然而，現實很殘酷，當中能夠完成十分之一的人就算很厲害了。

哪些因素經常造成計畫失敗？腦科學家做過一個腦成像研究，發現我們在思考當前的自己和未來的自己時，用到的大腦區域並不是同一個，而思考未來自己的區域與面對他人時所用的區域相同。

再者，做計畫時，通常考慮的是單線資訊（關注未來），而沒有考慮分布資訊（當前實際）。這也解釋了為什麼很多人即使有計畫失敗的經驗和教訓，依然保持原來的計畫模式。因為做計畫時，大腦習慣不考慮實際。所以，大部分人計畫失敗很正常。畢竟，那是天生的。

另外，我們習慣將計畫安排得滿滿的，滴水不漏。讓我們感覺良好，但是實際上帶來的弊端也非常多。正面上而言，嚴格的計畫能夠激發潛能，但是大多數人的計畫屬於嚴苛級別，這樣的話難免失敗。如果長期處於計畫失敗的狀況，可能會產生一種「那又如何」的心理——反正也完成不了了，先玩一下手機壓壓驚吧——這樣更不利於完成自己計畫。

該如何戰勝這種本能呢？與人下棋，如果準確知道對手的下一步棋，甚至更多步，就更有可能戰勝對方。同樣，如果想要有效改變自己總是做出理想型計畫的習慣，就需要知道自己做計畫時會怎麼進行，以進行預防性修正。

現在，我們知道大腦會傾向於低估執行一個任務需要的時間，就適當地多一些機動時間；如果評估完成一件任務需要兩個小時，最好給到兩個半小時，甚至更長一些。這樣就給了每項任務一些緩衝時間，如果遇到特殊情況而推遲，也不至於帶來失落感。

心理學家塔爾瑪德說過：「我們並不是客觀地看待事物，而總是從自己的角度出發看問題。」也就是說，我們不會考慮颱風下雨，更不會考慮手癢玩手機的情況。當我們做計畫時，更多是考慮內在因素，很少考慮外在因素。

而且，考慮的是自己最好的狀態而不是平均狀態。大多數人是在這樣的本能指導下安排計畫的，而這樣做出來的計畫一般都缺乏科學性，不切實際，更容易失敗。

透過預留任務進行時間，實際上也是在矯正我們的計畫謬誤。大多數情況下，計畫謬誤都是偏完美的類型，經常犧牲機動性和靈活性。即使計畫不那麼完美，甚至看上去有些浪費時間，但是這樣的效益遠遠大於完美主義型計畫。

•提高解決問題的效率

管理學上有一個定律：解決問題時產生的第一個想法，一般不會是最好的那個。尤其是在腦力激盪過程中，大家一開始脫口而出的都是最普通的解法。我們做計畫時也是如此。短期計畫需要完善的必要性可能不高，但是中、長期計畫就必須適當改進。

我的一個同事經常說，自己的自控能力愈來愈差，計畫總是完成不了。每天晚上想要靜下心來學點東西，卻總是無法專心。實際上，這也是大多數人的現狀。

我建議他先思索並寫出下面四個問題的答案：

一、自己靜不下心來，是哪些因素造成的？

二、以往的經歷裡，哪些時刻能夠靜下心來？

三、靜心學習的時候都是因爲什麼？

四、之前的成功經驗能否複製到新計畫當中？

品質環理論

將答案寫下來，整理成計畫建議，這樣就可以透過經驗來提高計畫的有效性。這種看似簡單的辦法，背後的科學性來自於大量的生產管理實踐。這正是「統計品質控制之父」

休哈特（Walter A. Shewhart）提出的品質環理論，這個理論可以讓計畫在實施過程中不斷改進。

品質環又叫PDCA循環。PDCA是英文單字plan（策劃）、do（實施）、check（檢查）和act（處置）的第一個字母。PDCA循環就是按照這樣的順序進行計畫管理，並且循環不止地進行。

P（plan）策劃：依據目的進行規劃，爲實現目標建立必要的計畫。

D（do）實施：實行計畫。

C（check）檢查：根據方針、目標檢查方案，判斷計畫是否行之有效。

A（act）處置：總結成功經驗並制度化，對於沒有解決的問題，提交到下一個PDCA循環中去解決。

以上四個過程不是運行一次就結束，而是周而復始地進行，一個循環完了，解決一些問題，未解決的問題進入下一個循環，這樣階梯式上升。

首先需要分析現狀，透過對自己和環境的足夠了解，進行訊息整合。分析其中會阻礙計畫執行的因素，針對這些因素提供解決措施和方案。接著經由實踐，在實踐過程中檢驗計畫是否行之有效。總結成功經驗，制定成相應的標準，把沒有解決的問題放到下一輪的PDCA循環中解決。PDCA循環最大的好處及特點就是能夠循序漸進，不斷優化。在實踐過程中不斷發現不足之處，同時改進和提高標準，穩步向前，還可以讓思考更為條理化和系統化。我們在計畫過程中，可以大致套用這個理論分析。先確定自己要達到的目標，進行測試，根據測試結果改進計畫，再執行。

80／20法則

另外，我們應該將精力放在更為重要的部分。經濟學家帕累托（Vilfredo Pareto）提出了一個著名的社會學效應——80／20法則，它對整個社會的運轉具有重大影響。這個法則的內容大致是：任何事物中，最重要的、發生決定性作用的往往只占其中的一小部分，約二十％，其他八十％儘管是大多數，但它們是次要且非決定性的。

這個法則類似哲學上主要矛盾與次要矛盾的關係。解決了主要矛盾，問題就解決了一大半；如果抓不住主要矛盾，會消耗非常多精力，效果卻不明顯。抓住主要矛盾就像放大鏡對太陽光的聚焦，將能量積聚到一個點上，實現快速起火的目的。

同樣，規劃任務時，如果想要讓自己的工作或學習效果更好，就需要將八十％的精力放在決定性的二十％任務上。

同時，這二十％在一定程度上能夠帶動其他八十％的發展，就能達到事半功倍的效果。精力有限，如果能好好把握重要的部分，就可以避免做很多無用功。

一些高效人士根據80／20法則，將日常事務分為四個象限：重要且緊急、重要但不緊急、不重要但緊急、不重要也不緊急。時間有限，很難每天都完成所有事。想要讓自己的工作從容些、效率更高些，就需要將時間花在重要且不緊急的事務上。比如著火，救火就是重要且緊急的事務，但是我們平時做好重要但不緊急的事務——防火，就可以減少很多焦頭爛額的時刻。因此計畫時將重要但不緊急的事放在首位，減少重要且緊急的事發生，就可以減少不必要的操心，從而大大提升工作與學習效率。

• 儀式感

前面兩點大多是關於計畫的制訂問題，計畫訂好了，接下來就是考慮如何執行了。可以透過哪些方法讓執行過程更高效呢？

首先，盡量培養一定的時間感和空間感。我們身邊可能有這樣的狀況：某些人高中時能夠保持優秀，但是到了大學就開始吃不消。其中很大的一個原因就是，大學的作息不再像高中那樣一成不變，而是變得時忙時閒，無法有固定的學習時間和空間，導致了一定程度的環境適應不良，在執行學習和工作計畫時，更容易受到影響。

時間感和空間感的培養，本質上是在創造一個「生物鐘」，讓我們在一定的時間和空間裡自發調節自己的機能。生物鐘對我們的節律控制有很大意義，就像自然時間有白天黑夜、春夏秋冬一樣，我們機體內並非只有一個狀態，會伴隨著生物鐘而改變。

當我們突然不按照「生物鐘」節律安排作息時，會感受到更多生理疲勞和精神不適；遵從生物節律、安排作息時，效率會大幅提高。我們應該盡力培養這樣的時間感和空間感，以保證效率。

學習和工作時，可以選擇固定的學習地點和時間，這樣就不用消耗太多精力適應新環境。當時間感和空間感培養起來後，也會產生新的心理喚醒，提高效率。

另外，讓自己的計畫可量化。我在前面關於自控力的章節中說過，可量化能夠帶給我們更多確定性，這樣能減少不確定性帶來的壓力和不安，也更容易在這種狀態下獲得進步的回饋，從而建構起堅持不懈的信心。

心理學家將恐懼大致分為兩種，一種是對失敗的恐懼，另一種是對不確定的恐懼。腦科學家曾記錄在不確定恐懼中的大腦變化，發現大腦的眼窩前額皮質和杏仁體都異常活躍。不確定性是由資訊缺乏造成的。當我們深夜單獨走在路上，或多或少都會感覺到一種莫名的恐懼，因為大腦不斷嘗試預測接下來會發生的事，一旦無法預測，就會自動將其歸類為危險信號。將計畫進程視覺化，能夠減少計畫進行中的不安，清晰地知道自己還有多少未完成，而不是讓自己處於模糊狀態中，因猜測而消耗更多認知能量。

這樣能夠安撫大腦的自我保護機制，讓計畫可持續。而看到自己進度成就的同時，也能夠感受到更多愉悅感，大腦會釋放更多多巴胺愉悅因子，有利於提高效率。

另外，心理學家黛博拉・斯莫爾（Deborah Small）等人用實驗證明，場景想像活動有助於人們改變行為選擇。如果堅持一項計畫讓我們感到有點吃力，可以將這個計畫在腦海中「演習」一次，想像正在進行整個計畫。接著隨著計畫進行，考量策略中的不足、環節中不妥當的地方等，這樣能夠增加我們對情境的熟悉度，也能保證計畫的可實施性，從而減少潛在問題。

利用場景想像進行計畫思考能夠幫助理清思路，更為全面地看待事物。如果我們能夠熟練運用這種方法，思維水準和活動水準都可以獲得很大的提升。

4 超越障礙

心理學家艾德蒙・休伊（Edmund Huey）曾經說過一句非常深刻的話：「眞正了解閱讀時的大腦運作過程，會是心理學家最大的成就，因爲這能描述人類心理中諸多錯綜複雜的運作，揭示整個文明的誕生。」現實中，我們學到的很多東西都會慢慢被遺忘，而且有些知識特別難學，有些知識感覺懂了但是不會用。這都是出於哪些原因？學習過程中又存在哪些問題呢？

•知道感——知道代表懂了？

我們上學的時候可能都有過這樣的體驗：考試時，看到一些題目覺得自己會寫，可是無論如何都想不起來具體的知識點。又或者，考試前感覺整張試卷基本上都會答，自我感覺良好，直到試卷發下來……

知道感

這種情況其實包含「知道感」這個原因。「知道感」就是自以為把資訊儲存到記憶中，自以為掌握的主觀感覺。缺乏足夠的練習，學到的很多知識其實是不牢固的。有時候，被問到我們學過的相關問題時，如果沒有一些提示，很難記起來。這就像同一個問題設置成選擇題和填空題，選擇題更容易正確作答的原因，因為前者在選項中提醒了我們。

我們聽了一場講座，聽的時候總感覺收穫頗多，有時甚至熱血沸騰。但是再過一個小時，吃個晚飯之後，再回憶講座講了些什麼內容，大多數時候都想不起來，只記得講師很博學的樣子。而那些聽過的講座內容，因為沒有得到強化和鞏固（比如做筆記），就會像電影《腦筋急轉彎》裡面的「記憶小球」一樣，很快被磨滅而遺忘。

「知道感」對大腦的意義是節約認知資源。當我們短期內重複接觸相同事物，大腦會產生「重複抑制」。內在變化是神經元的啟動水準會下降，而外在變化是會對所要學習的知識和內容進行自動化潛加工，繞過一些神經細胞。

也就是說，「知道感」會讓知識只在大腦中進行粗略加工，很難在頭腦中留下深刻的痕跡，形成長時記憶。

刻意訓練

丹尼爾・科伊爾（Daniel Coyle）在著作《天才密碼》（*The Talent Code*）裡面引用過一個「刻意訓練」的概念。大多數人都習慣以自己熟悉的方式生活、熟悉的方式解決問題，但是這樣很難有所進步。因為用舒服的方式生活和解決問題，是以自動化的方式進行。雖然能夠節約認知資源，卻不再需要思考，我們便很難取得長足的進步。

科學家透過觀察花式滑冰運動員的訓練，發現在同樣的練習時間內，普通運動員喜歡用自己熟悉的方式，而優秀的運動員則多練習了各種高難度動作。普通足球愛好者純粹為了享受踢球的過程，而職業球員則會集中練習各種極度不舒服的動作，比如反腳踢球。真正的練習不是為了達成運動量，練習的精髓是持續做自己做不好的事。

如果在學習和工作過程中想學到更深刻的知識，就需要適當離開舒適圈，而不是反覆用已經掌握的方式去解決問題。

即使我們不得不用同一種方式解決問題，也應該增加它的「刻意性」——多去思考為什麼這樣做和如何改進這個方法。

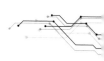

為什麼有些人工作了十年都沒有成為一個行業的專家？很重要的原因之一就是「知道感」。他們在長期的工作中知道這種方式可行，而且沒有出過問題。下次使用這些方式解決問題時，他們可以熟練地操作，但是其實已經不再思考了。

很多人的職業瓶頸就是這樣產生的。再有難度的工作，在不斷重複中也會被簡化成「流水線」，技術含量被大大降低，他們把腦力工作變成了體力工作，做再多也不會有明顯進步。

短期效能的取捨

壞習慣可以透過穩定的方式糾正，因為符合大腦「效率至上」的原則。但是學習新技能的過程中，我們需要投入更多時間和精力，也應該在時間允許的範圍內多嘗試一些辦法。因為「刻意訓練」的初期常常伴隨著「短期效能」的降低，但是能帶來長遠的成長。

拿我自己來說，初學電腦的時候，很排斥鍵盤，覺得它的速度比我手寫慢太多了，可以手寫時就堅決不用鍵盤打字；後來實在沒辦法，不得不學習用電腦處理文稿，習慣用鍵盤打字後，才發現自己的效率提高了好幾級。

同樣，我們在學習新知時，會選擇熟悉的原有方式，排斥陌生的新方式，這會讓我們錯過更大的世界。如果想要好好學習新技能，就一定要克制自己的本能反應。

正如吳秀波所說的：「不逼自己一把，就永遠不知道自己有多優秀。」當我們習慣了新方式，能力也會有所提升，才能突破瓶頸。

•立場決定注意力

認知心理學家菲力浦・津巴多（Philip G. Zimbardo）認為，學習是基於經驗而導致行為或行為潛能發生相對變化的過程。我們透過對訊息吸收和參與場景的體驗，學會某種行為或行為潛能。導致我們所學的知識中，有很大的主觀成分是基於某種場景的合成物。這會影響後期對其他知識的吸收，用一句話來概括就是：「一個人手裡拿著錘子的時候，眼裡看什麼都像釘子。」

長期處在一個領域中，我們會更關注這方面的知識。即使出現了不屬於此領域的問題，還是傾向於用自身的專業思維去思考問題。導致在學習一項新知識時，會不自覺過濾掉很多資訊。

著名心理學家丹尼爾・西蒙斯（Daniel Simons）和克里斯多夫・查布里斯（Christopher

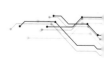

Chabris）為了研究選擇性注意現象，設計過一項實驗——看不見的「大猩猩」。實驗中，研究人員讓所有被試者觀看一場籃球比賽的錄影帶。球場上分別為「白衣隊」和「黑衣隊」，在觀看比賽的過程中，研究人員要求受試者記錄「白衣隊」球員的總投籃次數。

但是比賽過程中，研究人員讓一個扮成大猩猩的人走到播放錄影的場地中間，保證所有人都能夠看到，而且這隻「大猩猩」在場地中間來回走了多次，並透過猛拍胸脯來吸引受試者的注意力。

結果發現，受試者間的記錄誤差不大。但是，當受試者被問及是否看到「大猩猩」的時候，超過一半的被試者都回答沒有。

因為受試者的注意力都焦中到研究人員要求的投籃次數，使得即使出現非常明顯的「大猩猩」，受試者也沒有看到。這就是在認知過程中常出現的問題——將注意力放在某個點上，忽視全域。當注意力集中在特定範圍內，人就會自發地忽視並遮蔽與目標不相關的資訊，從而被所掌握的單一維度資訊所限囿。

思維窄化

我曾經在網路上看到有人提過這個問題：為什麼愈想賺錢反而愈賺不到錢？

實際上，這就是在思考維度不夠高時，將自己的思維縮窄到了金錢上。我們以為自己思考得非常全面，但很多有用的資訊卻因為選擇性注意而被忽視，而被忽視的資訊又導致了做出錯誤決定。

如果我們固定了自己的角色，看待事物並總結出來的觀點會非常單一。我曾經和朋友說自己非常不喜歡微信的朋友圈功能，它讓我覺得非常封閉，而且這個圈子裡的大多數人都會礙於朋友關係而不否定我的觀點，會讓人產生一種錯覺——自己是對的。

這在一定程度上與我們的注意力選擇性有關，選擇了那些與自己觀點相近的人做朋友，容易造成注意力窄化，很難看到更大的世界。如果利用其他領域的知識來解釋我們所面臨的問題，則經常能獲得啟發。

能力的「釘子理論」

曾經有人提出這麼一個觀點：我們的能力應該像一個圖釘，在一個點上很精尖，但是也需要足夠的基本面保護自己。當自己使用這枚圖釘時，不會因觸碰到釘尖而受傷。而如果想在認知事物的過程中，更加全面和有效，最好的辦法就是拓寬自己的思維面。

一些公司為了行銷產品會吹噓專業名詞，在外行看來顯得非常了不起。比如普通的不鏽鋼說成「奧氏體304」。這些名詞一聽感覺很專業，但本質上指的都是非常日常的事物。如果沒有常識，我們很容易被唬弄。這也是一些價格昂貴卻品質低劣的商品還能夠流通的原因，因為多數人都缺乏這些常識。

看待事物、學習事物時，也需要有這種多維角度看問題的想法。在自己的專業領域有所長，其他方面的知識儲備也不應該是零。這樣既能保護自己不容易上當，也能在學習過程中得到更多啟發。

感謝基礎教育，讓我們在每個方面都有基本常識，打開我們的思維，就不至於產生過強的專業偏差，讓自己的思維窄化和產生偏見。

• 攀登障礙——學習也要打怪升級

學習的意義到最後都是為了用。即使我們讀「無用之書」，那些思想最後也會被我們用上，構成思維體系和價值觀，進而指導行為。

不過，無論讀實用書還是讀「無用書」，如果想要從中獲得更多效益，需要將那些知識付諸實踐，否則很難感受到作者的思想和目的。

學習的等級

美國教育學家班傑明・布魯姆（Benjamin Bloom）在著作《教育目標分類：認知領域》中，將學習目標分為三個類別：認知、情感、技能。而這三個類別在認知領域中由低到高細分為六個層級：識記、理解、應用、分析、綜合、評價。

識記：記憶，能回憶具體事實的概念、方法和原則等基礎知識。

理解：把握知識材料的意義，能夠解釋、對事實進行組織，理解事物意義。

應用：運用資訊和規則解決問題或理解事物的本質，將其應用於不同情境。

分析：分解複雜的知識整體，理解各部分之間的關聯，解釋因果關係，釐清事物本質。

綜合：發現事物之間的相互關係和關聯，創建新的思想並預測可能的結果。

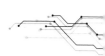

評價：依照某種標準對所得資訊做出評價和比較。

這份認知技能列表按照簡單到複雜的順序排列，這六種思維級別被廣泛接受和使用。最簡單的認知技能是對知識的回憶，最複雜的是判斷觀點價值。如果沒有實踐所學知識，我們對知識的理解會一直停留在低等級的收穫上，缺乏深度。

在大腦的運行機制中，不常使用的知識會被消磨和「壓縮」，即使依然擁有推理和分析的能力，但是最基礎的部分卻容易遺失，就無法更好地應用這些知識了。所以，我們需要透過重複來鞏固記憶。

德國心理學家艾賓浩斯（Hermann Ebbinghaus）透過實驗記錄了人們記憶的相關規律。結果發現，我們的遺忘規律是先快後慢。這條初期急劇下降而後平緩的遺忘曲線代表了知識記憶遺忘的典型模式。

及時鞏固所學知識，讓遺忘發生得慢一些。也只有記住知識，才有後面對知識其他方面的加工。例如很多人可能會抱怨以前學電腦時，學了很多看似沒用的基礎概念，但是如果想要鞏固知識，並在以後連結其他知識，這種看似沒用的知識，價值非常大。

有效的學習方式

鞏固所學最有效的方法是為別人講解。

美國學者愛德格・戴爾（Edgar Dale）提出了「學習金字塔」，這個理論將我們的記憶學習分為六個等級，效率從低到高分別是：聽講、閱讀、視聽、演示、討論、實踐、教授給他人。

最高級「教授給他人」的效率遠高於「聽講」，最能夠鞏固對知識的記憶。在教授過程中，我們會對知識有更多語言和思維的加工，這個過程會深化我們對知識的理解、應用和分析。

總之，如果想讓學習更有效能、更有收穫，我們需要使用這些知識。也只有運用，才能在知識的深度處理上有所進步，提升思辨能力。

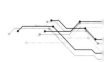

• 假設大腦是臺高階超級電腦

到目前為止，我們還沒有完全了解大腦的記憶機制，無法具體衡量和估算出大腦的資訊儲存量。但是，凡是物理性的，即使沒有邊界也是有限的。我們的大腦本身也是做為物質而存在，它在容量上很難是無窮的。

《科學人》雜誌發表過一篇關於大腦容量的文章，估計大腦的容量是二・五PB。這個資料量看上去很大，實際上一點都不夠用。

因為人的眼睛隨意往一個地方瞥一眼，都是一張高解析度圖片，我們收到的資料都是以GB為單位計算的。如果這樣看，大腦記憶體從理論上來說應該是不夠用的。人類的大腦為什麼能夠儲存貌似超出「記憶體」的資訊呢？

資訊「壓縮」

有一種解釋是，大腦具有強大的資訊壓縮能力。我們能夠記住每個人的臉，但是大腦並不是儲存每個人的臉，而是透過壓縮，在大腦儲存了一套通用模板——兩個眼睛，一個鼻子，一個嘴巴……遇到一個人的時候，我們加工這個範本，進而實現識別和區分的功能。這時就不用記住每個人的臉了，否則太占「記憶體」。你也可以將這個過程具象地描述為「腦補」。

就像手機記憶體如果不夠，可以使用照片壓縮軟體，將照片從高解析度壓縮到標準解析度。雖然圖片模糊了一點，無聊時還是能翻看。大腦因此騰出非常多空間儲存更多資訊。這也可以解釋為什麼會有錯誤回憶。就像被壓縮的照片會模糊一些，獲取的資訊被壓縮後，「翻看」回憶時可能無法記起全部資訊，導致部分記憶丟失，甚至產生錯誤回憶。因為大腦不見得將資訊壓縮到恰好能夠回憶起來的水準，在一定程度上取決於我們對其重複的次數。

如果那些資訊不經常使用，剛開始可能是1TB的資訊，最後可能只剩下1KB。這也可以解釋為什麼一些記憶好像被遺忘了，卻能夠發生「閃回」。壓縮得愈厲害，愈會增加這部分資訊的提取難度，但是記憶不會完全消失。

訊息「備份」

抵抗這種大腦壓縮的辦法之一，是在它壓縮的時候進行鞏固。回憶時，實際上就是對資訊進行再加工，在大腦還未完全將資訊壓縮至少量之前，盡力腦補回來，這樣可以延遲大腦的資訊壓縮。

而當記憶資訊結合情緒，或是回憶次數夠多，這些訊息則會加強突觸連結，並且生成新的突觸及適當相關的蛋白質。這就好比隨機RAM（讀寫記憶體器）轉變到ROM（唯讀記憶體器）一樣，不再一關機就遺失。

這也像讀一本小說，即使再認真地逐字逐句看完，當闔上書籍，對其中絕大多數內容也會忘記；能夠讓我們記住的，基本上是重複出現幾次或有強烈情感帶入的片段。

這個理論雖然能夠解釋記憶機制存在的許多問題，它始終是一個假設，等待後人的證實。不過還是可以利用這套理論的可取之處，指導我們的日常學習。

• 忘掉不開心——大腦的自清理過程

傳統看法都認為遺忘是被動過程，不利於學習和記憶。但愈來愈多研究證明遺忘並非被動，遺忘對大腦也有許多積極作用。

為什麼會發生遺忘呢？

原因之一是對記憶材料沒有給予足夠的注意，也就是編碼不足。

這就像我們經常閱讀同一篇文章，但是突然被要求背誦全文時，還是很難完成任務。因為加工程度不深，文章中的許多細節沒有進入長時記憶。當需要這方面的資訊時，自然無法提取。

雖經不斷強化，長時記憶又為什麼會遺忘呢？目前得到最多驗證的學說是干涉理論——先前學到的知識會影響後來的，而後來學到的知識也會干擾前面所學。干擾程度愈大，遺忘的資訊愈多。

上海清華大學曾經在《細胞》雜誌（*Cell*）上發表過一篇關於遺忘的生理研究文章。他們以果蠅為實驗對象，找到了調控果蠅資訊遺忘的蛋白，透過遺傳學手段控制這種蛋白的含量。當消除果蠅體內的「遺忘蛋白」時，果蠅的遺忘速度變慢了；若慢慢增加其含量，果蠅的遺忘速度便增加了。

隨後，他們再以此證明干涉理論，發現當消除果蠅體內的「遺忘蛋白」時，果蠅在學習兩個任務記憶之間的影響明顯下降；不減少「遺忘蛋白」並且讓果蠅學習另一種行為時，則發現這種「遺忘蛋白」的含量增加了。

這在很大程度上證明，遺忘並非生物體的被動行為。一些研究也認為，老年人之所以難以再學習新的知識，其中一個原因是他們的遺忘能力下降了。學習新事物時，生物透過控制這種蛋白的分泌，讓自己適當地遺忘，這樣有利於對新事物的學習。從生物學的角度看，遺忘可以減輕大腦的負擔，降低腦細胞的消耗速度——我們的大腦細胞以每天十萬個左右的速度凋亡，如果持續記住那些不開心的事情，腦細胞的死亡速度會增加幾倍，甚至幾十倍，大大增加了大腦的負擔。

而遺忘能夠顯著減少這樣的消耗，讓自己不那麼痛苦。忘掉資訊中不重要的部分，可以讓事物減少冗雜度，從而減輕記憶和認知負擔，就相當於清除手機暫存，刪除不常用的文檔，騰出更多空間。

前蘇聯莫斯科大學有一位大學生，他在圖書館石階上走路時不小心摔了一跤，大腦受到撞擊。從此，他的記憶好得不能再好，什麼東西都過目不忘，像《真理報》這樣的大報，從頭版到第八版，他閱讀後，每篇文章都能倒背如流。但是他經常覺得頭痛到要炸開，因為記的東西太多，大腦得不到休息。可見，缺乏遺忘能力會讓大腦承受更多壓力，受到更多損害。

所以說，遺忘是一種生物本能，讓我們不至於被生活瑣碎所淹沒。遺忘不僅能夠減少大腦損耗並減少我們的痛苦，也能讓我們吸收更多東西。

• 愉悅情緒與大腦最佳效能

關於學習效能的影響因素還有很多，其中最常見的是情緒和環境。

有充足的研究證明，愉悅的心情對身心的積極意義。愉悅的心情不僅能夠提高我們的免疫力，而且能夠提高記憶效率。

馬里蘭大學的麥可・米勒（Michael Miller）和他的同事做過一項研究，他們將參與者分為兩組，一組觀看喜劇型電影，另一組觀看焦慮型電影。

他們發現，總體而言，看完焦慮型電影的參與者血液循環降低了約三十五％，而看完喜劇型電影的參與者血液循環增加了二十二％。而血液循環的快慢與大腦供氧、一些心血管疾病有關。

血液循環較快時，我們不容易患上心血管疾病，而且有利於維持血液含氧量，保持大腦的清醒狀態。其他研究也發現，心情愉悅時，大腦會分泌一種叫作腦內啡的神經遞質，能夠幫助我們減緩疼痛。

另外，心情愉悅時，我們體內的免疫球蛋白A含量也會增加，進而提升免疫力，保持身體和大腦的健康。

壓力對大腦的影響

相反地，如果長期處於很大的壓力下，體內就會分泌壓力的應激素皮質醇。皮質醇會幫助我們短期內釋放大量能量，面對感到不安的環境。但是當皮質醇含量過多時，我們的肌肉、腎臟和脂肪都會被大大消耗，變得消瘦。而當腎臟被耗損時，身體的排毒功能也被削弱，這個時候更容易生病。長期處於壓力之中，皮質醇也會引發身體的炎症反應，比如長青春痘，從而導致身體處於病態。

另外，當我們長期處於高壓環境時，大腦會發生明顯的萎縮。美國道格拉斯醫院研究中心的索妮亞・盧佩恩（Sonia Lupien）博士和同事們利用六年時間測量了壓力荷爾蒙含量對大腦的影響。結果發現，體內壓力荷爾蒙水準持續過高的人在記憶測試中成績較差，而大腦中負責認知與記憶的海馬狀突起也會顯著變小，這個時候會更難記憶和學習。

慢性壓力還會讓大腦情緒中樞杏仁體區域的神經細胞連結變少，進而造成情緒不穩定和心煩意亂。最可怕的是，長期的高壓環境還會導致大腦的「自控中樞」前額皮質萎縮，導致我們在做事時很難控制自己的思緒，容易胡思亂想。

總之，長期處於壓力環境中，大腦會萎縮，身體會受到很大的耗損，嚴重時甚至會導致病變，而這些都不利於學習和工作。所以，我們要學會調節自己的情緒。

環境解壓法

當我們在工作和學習時，緩解壓力的辦法也有很多種，可以先從環境入手。

英格蘭塞克斯大學曾經做過一項研究。他們讓一些有心理健康問題的志願者分別在鄉間森林和室內購物中心散步三十分鐘。結果發現，林中漫步者有七十一%的人覺得抑鬱程度降低，更有九十%的人認為自信心增加。而在室內漫步者，只有二十二%的人覺得壓力減少，五十%的人認為壓力增大，四十四%的人減少自信。

為什麼會出現這種現象呢？因為綠色和青色會吸收強光中對眼睛有害的紫外線，使緊張的眼睛適當緩和，也減少了對大腦視網膜和大腦皮層的刺激反應。再到後來人們發現，土壤會釋放一種叫做一氧化二氮的氣體。一氧化二氮又被稱為「笑氣」，人們吸入它時，會與大腦發生反應，讓人產生愉悅感並發笑。

一氧化二氮常被外科手術用來麻醉和鎮痛。很多人也有過這樣的經歷：當我們經過一片草地時，會不由自主地感到放鬆和產生愉悅感。就是因為經過草地會吸入一些一氧化二氮氣體，進而感受到愉悅和輕鬆。如果想要放鬆自己的心情，可以嘗試到草地上散散步，可以很快減少壓力，讓心情好一些。

如果長期生活在狹小空間裡，人的思維也會受到一定的限制。美國明尼蘇達大學心理學家透過數年的研究發現：天花板的高度會激發大腦中的某種概念。但處於一個封閉空間時，天花板的高度往往成為思維界限的延伸；如果天花板比較低，就會讓決策偏向狹隘；而如果天花板夠高，思維和靈感會更加活絡。

如果想要讓自己的思維充滿更多的創意，想出更多解決問題的辦法，可以盡量去比較空闊的地方。

5 事半功倍的大腦使用技巧

學習對人的重要性就像吃飯，不可或缺。但是就像吃飯的時候，我們吃下肚的食物可能健康也可能不健康，或不知道怎麼吃某種食物一樣，我們在學習過程中也會遇到這樣的問題——學什麼和怎麼學？接下來，就圍繞這兩個問題進行更深入的思考。

● 好的記憶品質

心理學家認為記憶是對資訊的編碼、儲存和提取。其實與電腦保存訊息的過程類似：先透過鍵盤和滑鼠輸入資訊（編碼），存入硬碟（儲存），需要用的時候再打開（提取）。只有這三個過程都順利，才能準確地描述一件事物。

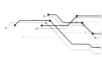

如果有人問「澳洲首都是哪一個城市？」但我們之前沒有聽說過的話，表示從來沒有對這部分記憶進行編碼；而如果聽說過，但是已經毫無印象，就是因為沒有將其儲存。如果我們聽過且能夠憶起這個城市的相關資訊，但是無法說出來，那就是資訊提取失敗。總而言之，任何一個環節缺失，我們都無法回答別人的問題。

為什麼有些資訊可以輕而易舉地回憶起來，而有些資訊則很難？層級加工理論認為，對資訊的加工水準決定了回憶的效果。

最初的加工水準愈高，記憶效果愈好。注意力分散時，資訊加工水準相對低等，資訊就很難進入記憶。同時，記憶內容愈與眾不同，之後愈容易記起來。

我們可以根據這個理論改進學習策略。透過增加所學知識的聯繫節點，實現資訊和知識的深度加工。我們將某一知識與其他知識建立關聯，實際上是增加這個知識的提取線索。線索愈多，就能愈簡便地運用知識。

我有個朋友某次參加辯論比賽的時候，覺得對方所說的漏洞非常明顯，卻無論如何都想不起來該如何辯駁他。比賽結束後離場，走著走著，他就突然想起可以如何反駁，但是為時已晚。這是因為我們的一些記憶會結合場景而產生，可能在某個場景下能夠記憶起來，換一個場景，提取相同知識的難度就增加了。

就好像我們能在一個句子中記起一個英語單字的大意，而單獨呈現這個單字，識別起來就會感到有點困難。但是，如果在不同場景下學習這些知識，就可以避免只能在特定的場景下記起。當它被提起的線索增加，在大腦中留下的痕跡也就更為持久。

我們常常提及的關聯學習法，背後的心理學理論正是層級加工理論。透過對知識和事物進行比較，區分它們的不同，同時加以連結它們的相似點。記憶的一項重要方式就是在經驗基礎上建立聯繫。關聯記憶法符合我們的記憶規律。當一個知識在我們的思維中比較得愈寬泛，相關聯的事物愈多時，知識的記憶也就愈牢固。

兒童在學習時，本質上也是進行關聯學習。當孩子長到十個月大，他們會意識到每樣東西都有一個名稱。後期透過將視覺上看到的與語言中學到的相結合，從而為每一個事物命名。美國的教育學家曾經對學齡兒童進行過統計，發現能夠知道一個單字有多重意義的孩子理解能力更強。也就是說，對一個詞彙進行多重關聯，可以讓學到的知識更加鞏固。

訊息學家喬治・米勒（George A. Miller）在論文〈神奇數字7±2：資訊加工能力的侷限〉（The Magical Number Sever, Plus or Minus Two）中提出，在記憶編碼過程中，最簡單的方式就是將輸入的資訊分類，加以命名，最後儲存的資訊是這個命名而非輸入的資訊。論文中也提到，大腦的短期記憶無法一次性容納七個以上的記憶項目。有的人可能一次能夠記住九個，有的人只能記住五個；大腦比較容易記住的項目是三個，最容易的當然是一個項目。

雖然一些研究開始對其提出質疑，但是這個假設在解釋某些現象時有一定的合理性。當大腦需要處理多個記憶專案時，就會開始將其歸類到不同的邏輯範疇中，以便於記憶。

舉個例子，媽媽說：「你去超市買點東西吧，要買馬鈴薯、橘子、葡萄、優酪乳、牛奶、雞蛋、紅蘿蔔、鹹鴨蛋、蘋果。」

這麼多樣東西，當你走到超市的時候，可能已經忘了很多。這時為了記得更牢固，可以將這些資訊依照性質進行同類項合併。

蔬菜：馬鈴薯、紅蘿蔔。

水果：橘子、蘋果、葡萄。

蛋奶製品：鹹鴨蛋、雞蛋、優酪乳、牛奶。

將十多個項目劃分為三大項，可以讓思維的抽象程度提高，產生塔式的連結，從而更容易記住。就像圖書館裡的圖書索引，可以根據所需資料的特點，找到需要的書籍。我們不用記住全部十個概念，只要記住它們分別屬於三個組，就達到了節約認知資源的目的。

●集中學習 vs. 分散學習

根據學習時間分配方式可以劃分為兩種學習方法：一種是集中學習，指在較長的時間裡不間斷地反覆學習；另一種則是分散學習，指學習時間間隔的學習。

我們經常說的「臨時抱佛腳」就屬於集中學習。雖然能夠在短期內獲得足夠資訊去面對考試，但是很難讓我們學到精髓，大多數內容也會在考試後很短的一段時間內忘光。但是集中學習法也有非常強大的優勢。尤其是對那些學習能力強的人來說，運用集中學習法，他們能夠在短期內學會一門技能的基礎知識。如果我們想要運用集中學習法，則要注意相似知識重複的頻率和次數，並盡可能將相似的知識分開學習。這樣就不會觸發心理的超限作用，也就是對所學知識感到更多的疲勞和厭倦。

過度學習理論認為，人們對所學習、記憶的內容達到初步掌握的程度後，如果再用原來所花時間的一半去鞏固，則會使記憶得到強化。在合理限度內，我們可以透過集中學習鞏固自己的知識，非常有利於掌握知識。但是，如果超過限度，人會感到疲倦和厭煩，學習效率會遞減。這個時候就算增加了學習時間也可能很難學到有用的新知。

當我們希望從知識當中獲得靈感和發現時，集中學習的優勢明顯優於分散學習。因為集中學習能在短期內接觸到大量資訊，增加了資訊之間連通的可能性。而分散學習因為更加零散，且資訊較少，能夠實現的連結也較少。

面對熟悉的知識和想要獲得靈感時，集中學習會更適合我們。但是如果想要真正學習新知識並鞏固知識，分散學習的優勢大於集中學習。有足夠的研究證明，無論是學習運動技能還是學術知識，分散學習的效果都更好一些。

美國心理學家勞勒（Edward Lawler）在二〇〇六年做過一個關於分散學習和集中學習的實驗。他與他的同事讓一百一十六名大學生參與實驗，大學生被要求讀完書後解十道數學題，一組學生集中準備十天，另一組學生分兩次（間隔一週）學習，每次五天。溫書結束後一週，他們進行測試，結果發現，集中學習的學生掌握的情況（七十五％）略高於分散學習（七十％）。但是學習結束後四週，他們對學生的掌握情況再次進行測試，結果發現，分散學習的學生成績（六十四％）遠高於集中學習的學生（三十二％）。

而另一個現場實驗中，他們將郵局裡的職員分為四組，分別採用四種學習模式：一、每天訓練一次，每次一小時；二、每天訓練一次，每次兩小時；三、每天訓練兩次，每次一小時；四、每天訓練兩次，每次兩小時。實驗結果顯示：每天訓練的時間愈短，達到相同學習效果的時間也愈短。達到每分鐘打字七十五字的水準，第一種學習者花了四十五學時，而第四種學習者則花了七十學時。

這證明了分散學習對一項技能掌握的重要性。閱讀一本書時，一次讀完並扔到一邊，我們可能過不了幾天就會忘記，但是如果分散閱讀，對書中知識的理解可以更透徹一些。

這兩種方式都有其合理的地方，可以根據我們的需求，採取不同的學習策略。但是，想真正掌握新知，重複是必不可少的。而如果能控制好重複的頻率和次數，則能有效提高學習效率。

・疲憊身心效率低

我相信沒有人會否認鍛鍊與睡眠對大腦的積極作用。但是它們是透過哪些途徑影響我們？

加州大學柏克萊分校的心理學教授馬修・沃克爾（Matthew Walker）在二〇〇五年發表一項研究，指出睡眠不足會剝奪學生獲取新知識的能力。他們讓二十八名參與者參與實驗，要求他們記憶一組圖片，這些圖片包含人物、事件、地點等資訊。其中一半的參與者在實驗前一晚保證正常睡眠，而另一半則通宵保持清醒狀態。經過兩天正常睡眠的調整之後，再對他們進行圖片的記憶測試。研究結果發現，之前被剝奪睡眠的學生比保證正常睡眠的學生平均少認了十九％的圖片。

正如跑步後身體需要休息才能恢復體力，大腦在快速運轉之後也需要得到相應的休息才能繼續高效運轉。美國《科學》雜誌在二〇一三年刊登過一篇文章，證明睡眠可以清除腦內代謝廢物。當人處於睡眠狀態中，小腦的網狀結構會發生變化，方便腦脊液與體液進行交換，帶走大腦中的一些代謝廢物，其中包括會引發「老年失智」的β－類澱粉蛋白。而睡眠不足時，免疫能力會受到損耗，更容易患上心血管疾病和肥胖症。

長期缺少睡眠，大腦的細節加工能力會受到干擾，更容易對別人的行為產生誤解。一些長期熬夜的學生和職場人士對環境會更加敏感，甚至覺得周圍環境充滿惡意，因為他們在對他人行為的理解和細節上存在一定程度的扭曲。

諸此種種，睡眠不足會讓我們的學習能力和工作效率嚴重下降。既然睡眠如此重要，該如何提高睡眠品質和適當延長睡眠時間呢？

英國ＢＢＣ曾根據大量心理和生理研究，拍攝了如何才能睡得更好的影片——《睡眠十律》。其中提到十多種方法，能幫助我們擁有更高品質的睡眠。大家感興趣的話可以自行搜索觀看，這裡羅列一些個人覺得實用和簡便的辦法：

一、睡前洗個熱水澡。洗完後，人體體溫偏高，而體溫回到一般水準的過程容易讓人產生睡意。

二、光線抑制褪黑素（睡眠因子）：盡量降低睡眠環境亮度。

三、咖啡、茶、酒不宜睡前飲用。

四、睡眠生物鐘培養：保持固定的睡眠習慣和起床習慣。

五、睡覺打鼾需要及時了解原因，必要時就醫。

希望大家能夠睡個好覺！

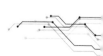

•活用網路提升自己

社會學家認為人類社會的進步一直都是在做身體的延伸。利用棍棒延伸了手，利用汽車延伸了腳，利用望遠鏡延伸了眼睛，利用電話延伸了嘴巴。而網際網路的使用，本質上是延伸思維，利用網際網路提升思維也會是趨勢。

但是目前線上學習存在非常多問題。相對來說，它不如傳統閱讀那麼有效率，但是就像汽車剛被發明時跑不過傳統馬車一樣，最終，馬車還是會被汽車遠遠超過。我們也需要慢慢習慣新事物，才不至於被社會淘汰。

目前利用網際網路提升自我，存在哪些問題呢？首先，線上學習存在的最大問題是「虛假學習感」——和複習期末考一樣，看過就忘，不忘也不會用，會用也用錯地方。

面對鋪天蓋地的資訊時，這些資訊會占用我們極大的注意力廣度，很難集中在一小部分資訊裡面，就無法保證思維的深度。即使所閱讀的知識擁有一定的深度，但是由於無法集中注意力去理解，能夠明白的其實非常少。

滑手機時，這一秒可能還在看關於康德道德觀的「深度好文」，但是為了不被老闆抓到而扣工資，於是盡快滑完、按了退出，開始看下一條資訊；並沒有進行深度思考，只是大致掃了幾眼。我也看過一些問答平臺，甚至沒有分開那些極短的段子、點評類的回答，以及長文回答，這樣的情況有很大的問題，讀者的耐心會被慢慢消磨。

資訊專家約翰・奈思比（John Naisbitt）曾說：「我們簡直要在資訊海洋中淹死，但終因缺乏知識而餓死。」網際網路時代，資訊和知識都不斷增加，但是資訊的增加速度卻遠超知識，就造成了另外兩個問題。

一方面，從資訊中篩選知識的成本愈來愈高，想要學系統性知識的難度增加。另一方面，媒體為了方便閱聽人理解，減少消化時間，將內容盡可能進行了簡化，只提供精華，而這無法培養我們對知識的深度思考能力。

如果沒有正確的方式，長期透過線上學習知識，會難以形成一個較為完整的知識體系，也可能會削弱一個人深度加工知識的能力。

不過，即使線上學習相對目前的傳統學習方式存在諸多不足，只要技術逐漸發展，傳統的學習方式也會慢慢被廣泛取代。我們應該如何適應線上學習呢？

其實無論是何種形式，做筆記都是非常好的方式。我個人就有多達三十本筆記本。即使是在網路上看到的文章，也會把其中比較有收穫的內容記下來。久而久之，我的知識廣度和深度都會多一些。

在布朗（M. Neil Browne）和基里（Stuart M. Keeley）的著作《問對問題，找答案》（*Asking the Right Questions*）中，將我們對知識的涉獵過程稱為「海綿式學習」。這種學習方式雖然能夠好好積累知識廣度，卻無法對其進行有效的利用。

而做筆記的過程實際上是「淘金式學習」。我們必須學會篩選哪些知識值得記、哪些不值得。在這個過程中，我們對知識的加工深度更深，條理性更好，且能慢慢培養自己的辯證思維能力。

另外，從心理層面上，做筆記還能帶動更強的注意力。做筆記時需要對知識進行再次加工和理解，也就保證了知識的記憶效果更好，不容易遺忘。經常做筆記能夠大大減少線上學習帶來的「虛假學習感」問題，不至於使知識「看過就忘，沒忘也不會用」。

•建構知識體系——大腦認知資源的節能模式

社會學家馬敏在著作《政治象徵》中認為，以往知識較為貧瘠的時代，一些政治精英透過壟斷對「自由」等詞語的解釋權達到對群眾的煽動。換句話說，如果缺乏對知識的足夠理解，便容易受到外界影響，覺得這個有道理、那個也沒錯。而現代也有非常多這樣的情況，一些媒體和意見領袖，利用不可量化的指標，告訴大家什麼是對的、什麼是錯的，如果缺乏足夠的知識水準，有時候確實很容易被牽著走。

怎樣才能減少這種情況發生？那就是建構完善的知識體系，不僅能夠強化思辨能力，也能夠加強對事物的分析能力。

知識體系之所以能夠稱之為體系，是因為它擁有體系的屬性。而結構決定性質，性質決定功能。想要建立完善的知識體系，就要從體系的共性和知識的個性去分析。

體系的定義是這樣的：一定範圍內或同類的事物，按照一定秩序和內部聯繫組合而成的整體，是不同系統組成的系統。根據以上定義，能夠得到哪些性質呢？

多元性

體系的「系」第一層意思是系列，意味著體系的形成是非單元的，必須有多種元素組成。正所謂：「單調不成樂，單色不成畫，單人不成群。」也就是說，單一的知識不算體系，從這點出發可以知道，想要建構體系的前提是擁有足夠的元素，也就是我們常說的元認知——對事物認知的認知。如果想要構建一個體系，就需要吸取足夠的元認知。

就拿我本人來說，我的很多知識都是小時候從《十萬個為什麼》和《藍貓淘氣三千問》裡學來的。在那個年齡，這些讀物算是通識教育讀物了，至今我個人覺得深受裨益，因為小時候學到的知識對世界觀的建構更基礎，影響更大。

另一方面，體系的基礎是系統，系統的基礎是元素。也就是說，我們需要增加的元素不只是某個角度的重複，而要有多元特點。學過生態學就知道：增加物種多樣性可以增加生態系統的穩定性，而知識系統穩定的第一步，就是需要吸收夠多的差異性元素。

相關性

體系的「系」另一層意思是捆綁、關聯。不發生關聯的組塊稱之為非系統，只有發生關聯才能夠成為體系。一棟磚瓦房是一個體系，被拆成磚瓦後，就不再是體系。知識也需要這樣的機制來實現體系的構建。

而體系的關聯方式有很多種：鏈式、塔型、環狀、樹狀、網狀。其中最穩定的形式是樹狀和網狀。前者能夠增加知識的層級結構，實現分類和規律化，後者則能夠透過交互關聯實現穩定。

我們在學習過程中要盡可能將知識梳理成心智圖（樹狀）的形式，並且透過舉一反三（網狀）的形式鞏固。這樣體系的建構可以更加省力。

統一性

體系的「體」強調的是整體和協調。知識體系的構成到最後是價值觀的形成，再來是能力的反映。當知識體系形成統一的整體時，則意味著我們將知識合多為一。這裡的「一」屬於從屬的高級，決定著其他知識的構建。

體系必定以整體存在，整體的運行、延伸，產生關聯。但是任何過程都有其主導因素，就像哲學思想裡面的矛盾分為主要矛盾和次要矛盾，知識體系的構成也有主導因素和次要因素的構建。我們所能接收到的資訊會因為主導因素而有所塑造。而這個主要因素就是學習知識的目的性——獵人進山看到的是獵物，藥農進山看到的是藥材。建構知識體系時有明確的目的，可以減少不必要的枝節。

非線性

蕭伯納曾經說過：「我有一個蘋果，你有一個蘋果，我們交換後還是只有一個蘋果。你有一種思想，我有一種思想，交換過後我們都有兩種思想。」知識的提升並不是單純的總和，體系的構成也不是一加一等於二；就像小時候咿呀學語，在不斷嘗試之下，突然學會了說話。知識體系的構建也有這樣的規律，它會在量變積累到一定程度後產生突變，進而自發形成完善的體系。念念不忘，必有迴響。當知識輸入量和狀態量基數大到一定程度時，體系甚至可以自發形成，產生輸出量。

很多人都希望自己能夠獲得獨立思考能力，向別人學習一些技巧可能會有效，但是如果沒有足夠多的知識基礎，這樣的邏輯思維能力很容易變得空洞，就像一幅沒有內容的框架、沒有實質內在的空心球一樣。

秩序性

任何系統都有其內部運轉規律，知識體系也不例外。體系的紊亂除了突變因素，更多是因為秩序被打破。構築知識體系之前需要有明確且高效的秩序，以支撐體系的有序運行。怎樣構建這樣的秩序？其中的關鍵在於如何篩選知識，避免吸收低級知識，減少無用資訊帶來的紊亂，否則就像電腦碎片檔多了會卡一樣，大腦中的碎片資訊多了，人也會變遲鈍。

知識的有效性取決於能帶來多少確定性，讓我們對事物有更多了解。輿論八卦、低俗網路小說，實際上沒有帶來多少確定性資訊，即偏向於無用資訊。避免無效資訊是構建有效秩序的最基本要求。

Part II

反本能之良好人際

——成就高EQ

「EQ之父」丹尼爾・戈爾曼（Daniel Goleman）將EQ劃分為以下五個維度：

一、認識自身情緒的能力
二、妥善管理情緒的能力
三、自我激勵的能力
四、認識他人情緒的能力
五、管理人際關係的能力

懂得與人交往是高EQ的表現之一，也讓人更容易適應社會。高EQ的人往往能夠認識到別人的情緒和需求，並且對其保持尊重。在接觸中，他們會顧及別人的情緒和需求，並且盡可能去滿足。

人是具有高度社會性的動物，社交是我們生活中必不可少的一部分。透過分享資訊，與他人討論有趣的話題，我們能夠獲得更多樂趣。在相互的自我暴露中，彼此之間的了解也愈來愈深，兩個人的關係變得更密切，與他人建立親密關係讓生活更有趣。

當然，社交過程並不總是一帆風順的，我們也會經常遇到另一種情況——觀點不合、相互誤解。這個時候，如果分歧較大而且雙方在表述的語氣讓彼此誤解，就會產生爭執。

面對一個「自我中心主義者」時，我們可能會很無奈，因為他們無法站在別人的立場考慮問題。即使試圖解釋或溝通，對方依然我行我素。尤其在網路環境中，當我們在平臺上表達自己的觀點，卻有人因為誤解而口誅筆伐時，面對這樣頭疼的問題，我們該怎麼辦？

我們也可能因為與他人的爭論和誤會而非常苦惱，沉浸在負面情緒中不能自拔。腦海裡不斷回憶著爭論的畫面，感到非常委屈或後悔。即使這些回憶無濟於事，還是控制不住自己的思緒，進而陷入惡性循環，愈回憶，負面情緒愈多。

還有，工作上通常需要與他人協力。如果無法處理好身邊的人際關係，無法得到更多的社會支持，我們可能會淹沒在瑣事之中，很難完成自己的任務。

每個人都希望為他人所理解，但是不一定能實現，有時甚至被誤解。可是為什麼別人會不理解我們在說什麼？怎樣做才能讓別人理解我們？我們又該如何才能與別人更好地相處？接下來，讓我們就此討論吧。

1 人際盲點

有個大學生曾經向我反應，她在宿舍非常尊重別人的利益，不去影響別人，但是別人卻不能和她一樣相互尊重彼此。

也有人問我，自己一直安安分分地做一個普通人，爲什麼無緣無故被別人針對？是哪些原因造成了以上現象呢？

●「聽我的！」——控制欲是關係殺手

很多動物都會留下排泄物或氣味，讓其他同類知道這是自己的地盤。如果同類進到這個區域，會遭到「地主」的攻擊。實際上，這就是一種對環境的控制需求，讓別人不敢隨意進入，進而獲得安全感。

做為進化的遺留，人類也有這種需求，尤其男性會盡可能對自己身邊的事物保持掌控，從而獲得安全感。雖然留下體味的原始方式已經被淘汰，但是人們的控制欲卻沒有消滅。

心理學家德西（Deci）和里安（Ryan）的研究證明，促進個人控制系統可以真正增加個體的健康和幸福。而另一位心理學家陸貝克（Rubaek）和他的同事透過對囚犯的觀察發現，那些對環境有一定控制權的囚犯——可以是一把椅子、自己開關電燈等，都會有較少的壓力體驗，較少出現健康問題，並且更少故意破壞的行為。心理學家提柯（C. Timko）和莫斯（Moos）則透過對家庭和諧狀況的研究發現，自己決定早餐吃什麼，晚睡還是早起可能讓人活得更久、更快樂。

很多研究都證明了控制感的重要性和積極意義。一旦失去對環境的控制感，動物的警覺就會被喚醒，處於備戰狀態。人類也是如此。如果環境沒辦法給我們控制感，也會感到不安和警覺，更敏感且更易激動。當別人不能滿足我們時，我們就會喪失控制感，「戰鬥」的應激狀態因而被喚醒。

每個人都有對環境和他人的控制需求，雖然程度不一樣。尤其是戀愛中的雙方，一些人會產生對對方很強的占有欲，甚至希望對方能夠減少與其他異性的接觸。而在家庭中控制感的表現，往往是父母希望子女能夠朝自己希望的方向去生活和發展，但這會讓孩子喪失對環境的控制感，進而觸發排斥。但是這也讓父母的控制感降低，引起進一步的管控，進而形成一個封閉循環。

有些人的環境控制需求並未考慮到別人的相同需求，就很容易侵犯到他人的空間，進而造成雙方爭執。比如在宿舍裡，有人將影片的聲音開得很大，不顧別人的感受。當我們向對方說：「你的影片聲音有點大，可以關小聲一點嗎？」控制感很強的人反而會覺得自己的領域被侵犯，不僅不會按要求去做，反而會提起挑釁。宿舍的空間遠小於人對環境心理安全距離的需要，卻不得不與他人共用這樣狹小的空間，於是每個人對環境的控制需求都很難得到滿足。

如果彼此無法有足夠的安全感，愈小的空間內愈容易產生爭執。在這種情況下，我們可以用後面提到的「自我實現預言」方式提出建議，對方也許就不會有那麼強的反應了。反過來，如果我們對環境的控制感比別人高，就需要不斷提醒自己，這其實是進化的遺留問題，並不是對方有意「侵略」。

•「每次都這樣！」——吵架時的全盤否定

我偶爾會聽到朋友和女朋友吵架。因為他有時候不得不留在公司加班，不能去約會，他女朋友開口就說：「你一點都不愛我。」我聽了哭笑不得，只能叫他先走，剩下的我會搞定。

其實很多人爭吵時都會出現這種情況——絕對化，因為當前的事情，而延伸到全部否定。這就是心理學上的「驗證性偏差」——當我們主觀上支持某種觀點時，往往傾向於尋找那些能夠支持這個觀點的資訊，而忽略那些能夠推翻觀點的資訊。

比如，很多人在炒股時，當市場上形成一種「股市將持續上漲」的信念時，投資者往往對有利的資訊或證據特別敏感或容易接受，而對不利的資訊或證據視而不見，從而繼續買進並進一步推高股市。相反，當市場形成下跌恐慌時，人們就只能看到不利於市場的資訊，因此導致股市下跌。

社會心理學家亞伯特・哈斯托夫（Albert Hastorf）和哈德利・坎特里爾（Hadley Cantril）做過一個實驗。一九五一年美國大學生足球賽，達特茅斯印第安人隊對陣普林斯頓老虎隊。這是一場非常粗暴的比賽。整場比賽中，普林斯頓一個隊員的鼻子斷了，達特茅斯隊一個隊員的腿斷了。然而，兩所大學的報紙對這場比賽的評述截然不同，都認為是對方球員的犯規次數更多，更沒有道德。

出於好奇，哈斯托夫和坎特里爾從兩個學校隨機抽取了一些學生，組成兩組受試者，安排他們在同一個房間觀看那場比賽的錄影，再用相同的評價系統來評價兩支球隊的犯規情況。

比如，當問到是不是達特茅斯隊的隊員搶先動粗時，三十六%的達特茅斯大學的學生選擇「是」，而八十六%的普林斯頓大學學生選擇「是」；只有八%的達特茅斯大學學生認為自己學校的球隊沒有必要動粗，而三十五%的普林斯頓大學學生認為達特茅斯隊的隊員完全沒有必要動粗。

也就是說，即使看到的東西是一樣的，仍然會因為立場和態度傾向的不同，而選擇相信我們想要相信的。一旦需要做出選擇，也會相信自己所得到的依據。

也有一些研究發現，愈是聰明的人愈容易產生這種偏見。他們對自己的判斷更為自信，因為更能夠從無關聯的資訊中找到「可能的聯繫」。

我們在判斷事物時，會有很多主觀感情的投入。尤其是社交活動中，如果覺得某個人不喜歡自己，就會自發地去尋找對方不喜歡我們的證據，而忽視其他行為，這就造成了無端的厭惡。而人的情緒感知非常敏感，當對方感知到你的不信任時，也會回饋以厭惡，你進而覺得直覺是對的。

這也表現了溝通的重要性。如果能夠及時溝通，其實很多時候我們會發現自己所擔心的事情是多餘的。有些夫妻甚至會用各種方式去「考驗」另一半是否忠誠，這也會因為我們的主觀不信任而產生「想要的答案」。

另一方面，人在爭執過程中會情緒化，開始驗證對方每一件不好的事，以證明對方的各種不對，即使是與此事無關的陳年舊事，也不會放過。我們經常聽到那些絕對化的詞語——「你總是……」、「你從來……」，這種描述會引發對方為了維護形象而激烈反駁，使爭執升級。

在爭執過程中，我們需要意識到自己的這種特點，爭吵時盡量不用絕對化詞語去描述對方的行為，不能因為當前的一件事而進行全盤否定。

•情人眼裡出西施

人類學家海倫・費雪教授（Helen Fisher）調查了全球近一百五十個不同文化背景和

地區的資料，發現在不同文化背景下，熱戀在心理和生理方面都有驚人共通點：強烈眩暈的興奮感、食欲降低，對愛人的判斷扭曲（放大愛人的優點，縮小缺點），對客觀世界的知覺也發生扭曲。

我們常常戲稱處於熱戀中的人智商為零。熱戀到底會不會讓智商降低呢？答案是肯定的。日本科學家川道博明（Hiroaki Kawamichi）與他的同事對處於熱戀早期的人進行腦部成像觀察，發現這些人大腦中參與「獎賞機制」的灰質減少了，就降低人們對獎賞的敏感性。而大腦灰質不僅與我們的「大腦獎賞機制」有關，部分灰質與我們的注意力、記憶、情緒也有關。也就是說，當大腦灰質減少時，一定程度上會變笨，也變得更焦躁不安。處於熱戀時，情緒更不穩定，開心的事會讓人更開心，傷心的事會讓人更傷心。

除此之外，費雪也曾對處於熱戀初期的人進行腦部掃描，發現處於熱戀中的人，其多巴胺獎勵迴路中的尾狀核部分血流增多。尾狀核是行為動力的源泉，它能引導我們接近目標，驅使追求獎勵。分泌更多多巴胺，可以保證這一過程的愉悅感，強化行為。也就是說，我們會很開心地重複這一行為。

雖然戀愛的感覺很美好，但是它也讓我們變得不客觀。我們可能看不見對方的不足，認為對方很完美。處於熱戀期，大腦的判斷中心前額皮質和影響社交認知的顳極與顳頂葉交界處會鈍化，扭曲對愛人的知覺。戀愛中的男女右眼窩前額皮層會暫時關閉，使得他們對對方不再持懷疑或批評態度。

但是，僅憑多巴胺刺激的熱戀很難長久。一旦熱戀過去，大腦的愉悅因子多巴胺消退後，大腦的灰質可逆性地增長回來，就會看到對方的各種缺點。

很多人過了熱戀期就開始感受到對方的各方面缺點，就是因為大腦開始「清醒」。很多社會心理學家不支持閃婚，因為想要擁有幸福穩定的婚姻，雙方必須等待夠長的時間。當我們想要確定一段感情關係時，也需要不斷對自己提問：對方的小鳥依人是否過於黏人，長此以往我是否能夠接受？或是對方的剛毅是否存在過多武斷和大男人主義？

不能因為對方給了很多愉悅感受，而忽視性格的長久影響，只有一開始考慮全面，感情才會更加長久。

2 良性循環

美國進化學家麥克・吉瑟林（Michael Ghiselin）說：「身邊的人比我們優秀，會讓我們變得更美好；如果他們不健康或無知，則更容易對我們造成傷害。」我們該如何與優秀的人交往呢？

•熟悉即安全

格雷戈里・柏恩斯（Gregory Berns）在著作《偶像破壞者》（*Iconoclast*）中寫道：對於大多數人來說，接受新事物是一件很困難的事，因為新事物總是容易觸發我們的恐懼情緒。大多數人不喜歡恐懼的感覺，因為恐懼讓我們口乾舌燥、焦躁不安，有時還會語無倫次。

而產生恐懼的一個很重要的原因是不熟悉。二〇〇五年，加州理工學院的研究人員透過腦成像實驗記錄人們處於不確定環境中的大腦變化。他們發現，處於不確定環境中時，大腦中的杏仁體和眼窩前額皮質兩個區域會變得異常活躍。也就是說，當我們處於陌生環境中時，大腦實際上被喚醒了兩個狀態——一邊在害怕（杏仁體），一邊在控制自己，讓自己冷靜（眼窩前額皮質）。

當杏仁體被啟動時，身體裡會釋放大量的皮質醇，並且啟動交感神經系統，讓我們處於警備應激狀態，心率變異型增加，也消耗大量能量，讓我們感到不舒服。一些人在面對不熟悉的人時，會臉紅和心跳加速。

如果想要讓別人信任我們，願意與我們交往，就需要建立足夠的熟悉感。心理學家曾經做過一個實驗，他們先透過測試區分出害羞指數較高的小學生，讓他們觀察不同的臉，研究者用腦電圖掃描的方式觀察並記錄小學生的大腦活動。當孩子面對陌生和難以識別的臉時，發現在那些害羞指數較高的孩子的大腦中，掌管社交的皮層活動能力較弱，而小腦中負責焦慮及警惕情緒的類扁桃體部分則顯得非常活躍。

同樣，如果想要讓別人更願意與我們接觸，就要消除對方這種在進化中的遺留。比較簡單的辦法是：經常出現在對方面前。經常出現可以引發對方對我們的一些好感。這在心理學上稱之為「純粹接觸效應」——僅因為某一個刺激在面前呈現的次數夠多，我們就會對該刺激愈來愈喜歡。

心理學家贊言茲（Robert Zajonc）對此做過一個實驗。實驗內容是藉著讓受試者多看幾次對方臉部的照片，調查一般人究竟會產生何種程度的好感。實驗人員準備了十二張不同的大學畢業生大頭照，隨便抽出其中幾張，讓學生們看這些照片。為了避免刻意化的干擾，開始實驗時，研究人員對這些學生說明：「這是一個關於視覺記憶的實驗，目的是為了測定你們對於所看的大頭照能記憶到何種程度。」

而實驗的真正目的則在於了解觀看大頭照的次數與好感度的關係。觀看各大頭照的次數為零次、一次、兩次、五次、十次、二十五次等六個條件，按條件各觀看兩張大頭照。隨機抽樣，總計八十六次。實驗結果表明，接觸次數與好感度的關係成正比。當學生被提問，這些照片最喜歡哪一張時，大多數被試者都選擇了出現在他們面前次數最多的一張。也就是說，當觀看大頭照的次數增加，不管照片內容如何，好感度都會明顯增加。在很大程度上證明了「純粹接觸效應」。

我們可能有過這樣的體驗，拍照時總覺得不是那麼好看，但是朋友們覺得挺好的。為什麼會出現這樣的現象呢？其中一個原因也是「純粹接觸效應」。我們習慣看到的是鏡中的自己，而拍照時，我們看到的是左右沒有調換的自己，這時就會感覺有點不一樣，而朋友因為接觸到的是左右臉沒有調換的我們，所以覺得挺好的。

康乃爾大學的卡廷教授（James Cutting）也做了另一個關於純粹接觸的實驗，證明一些著名藝術品之所以出名，其中可能的原因是曝光次數較多。在講課過程中，他不斷給大學部學生看印象派的作品，每次兩秒鐘。其中有些畫是經典之作，有些則鮮為人知，但等級不亞於經典之作。後者在學生面前展示的次數是前者的四倍。結果發現，這些學生更喜歡後者。

一些明星也非常追求上鏡率，大家看的次數多了，就會覺得這些明星挺好看的，這背後也有「純粹接觸效應」的原理。

現在，你知道和別人混個臉熟有多重要了吧？

•自我表露建立信任基礎

我們對某些人有說不完的話題，但是對另一些人可能就無言以對，尤其面對陌生人時，總是不知道說些什麼好。畢竟人的信任關係建立在相互了解之上，一開始，雙方之間沒有足夠了解，還沒建立起對彼此的足夠信任，所以顯得拘謹。因此如果想要增加與他人的親密關係，我們可以適當表露一些自己的隱私。

心理學家奧爾特曼（Joseph Altman）對此提出了人際交往中的「自我表露」的社會滲透理論。他的研究告訴我們，人際關係的建立都是從低水準的自我表露和低水準的信任開始。當一個人開始自我表露時，便是信任關係建立的開始；而對方以同樣的自我表露水準做出回饋，表示對方接受信任。

這種自我表露的互惠性交換，一般會實現對等的溝通。於是，人際間的親密關係就逐步形成。並且隨著雙方溝通話題由淺入深，我們與他人的關係也開始變得親密。

舉個例子，當我們想與一個陌生人交朋友時，我們說「你好」，對方的回覆也只能是禮貌性的「你好」。如果添加一些資訊，例如「你好，我叫XXX，今天有空過來……」，對方會基於你的表露，對你表達更多資訊。當你們之間表露的資訊夠多，信任關係也會建立起來，就更容易成為朋友。

如果我們本身較對方在某方面更優秀，適當暴露自己的缺點能讓對方更喜歡我們。表露自己的缺點可以讓對方覺得我們也是普通人，不會因為過多的敬畏而遠離我們；另一方面能夠讓別人看到我們的真誠，至少不會將自己隱藏得太深。雖然暴露自己的不足，一開始會不怎麼適應，卻可以收穫更多的親密關係。

如果一直隱藏自己的不足，剛開始可能會給別人留下好印象，但是缺點一旦暴露，對方會更難接受我們。當然，表露缺點還能夠找到真正喜歡我們的人。

美國交友網站OK Cupid（Cupid為愛神丘比特）對六萬四千名女性用戶的資料進行分析，結果發現，如果男生們對女生長相的審美態度愈分歧，這個女生會有更多人追。換句話說，如果人人都覺得這個女生漂亮，她受異性歡迎的程度還不及那些只有一半異性覺得她漂亮的女生。擁有紋身或肥胖的女生，雖然明顯存在一些不討男生喜歡的特點，收到的私信依然遠多於那些讓絕大多數人覺得非常漂亮的女生。

也就是說，如果表現過於完美，會讓多數人敬而遠之。而且，等到在長期相處中顯露自己的不足時，與我們交往的對方不一定喜歡或適應。如果一開始就暴露，而對方還能接受，這種感情可以更持久。

不過，表露也分水準，俗話說：「交淺不宜言深。」一個從不自我暴露的人很難與他人建立密切和有意義的人際關係。同樣，習慣於不停向他人談論自己的私密，會被他人看作是自我中心主義者。

我們對那些關係密切的朋友表露得深一些，多說一些；而對那些遠一點的朋友則可以表露淺一些，少說一些。社會心理學家認為，理想的模式是對少數親密的朋友做較多的自我表露，而對其他人進行中等程度的表露。

• 相對剝奪感——助人的邊際效應

曾看過這麼一個故事：有個人經常和室友一起點一樣的便當，他知道室友喜歡吃滷蛋，於是經常將自己便當中的滷蛋夾給室友吃。久而久之，室友習慣了他給的滷蛋，有時候就從他的便當中夾走。有一天這個人想嘗嘗鮮，就把滷蛋吃掉了，室友發現沒有滷蛋了，就問：「我的滷蛋呢？你把它吃了？」

這種場景是不是覺得很眼熟呢？

我們身邊經常遇到這樣的人。對他們好，他們習慣了，但是突然有一天，沒有辦法繼續對他們好時，他們往往不是理解，而是指責和抱怨。因為他們已經習慣了我們對他們的好，認為這是理所當然。

這就是常說的「一碗米養恩人，一斗米養仇人」。別人需要時給予微小的幫助，他們會感謝我們；如果經常對他們好，卻突然因為某種原因而無法繼續支持，他們反而會記恨。

為什麼會出現這種情況？答案在於心理感受的邊際遞減效應。就像很餓的時候吃下第一個包子會覺得很飽；再吃第二個，飽腹的感覺就沒有那麼明顯了；吃第三個時，可能覺得有點撐了。

同樣，別人需要幫助時，就像肚子很餓的人，獲得一點幫助，他們會感到明顯的滿足。可是如果一直這樣下去，對方的心理感受就開始產生變化，不再是感激。不是幫助了別人，對方就會心存感激；如果方式不當，對方還可能對我們心生厭惡，因此千萬不要做「濫好人」。

該如何幫助別人，又不至於讓人覺得是應該的呢？最重要的是不要在一開始就付出過多。付出超過對方的心理預期，雖然可以讓對方短暫感受到有力的幫助，但是後期如果無法維持這樣的水準，依然很難得到對方的尊重。

人們最喜歡對自己認同慢慢增加的人，最不喜歡對自己認同慢慢減少的人。為了驗證這一心理現象的存在，心理學家阿倫森（Elliot Aronson）做過一個著名實驗。受試者會在實驗中聽到對自己的評價，這些評價一共有四種，分別是：

A：始終是肯定的評價。
B：始終是否定的評價。
C：先肯定後否定的評價，且否定程度與第二種情況相同。
D：先否定後肯定的評價，且肯定程度與第一種情況相同。

結果發現，受試者對那些原來否定自己、後來又肯定自己的評價喜歡程度最高，且明顯高於一直肯定自己者；對於從肯定到否定的評價喜歡程度最低，且大大低於一直否定自己者。

這可以用美國學者斯托弗（S. A. Stouffer）提出的「相對剝奪」理論來解釋。他們將自己目前的處境和我們一開始對其投入的幫助做了對比，即使依然得到了額外的支援，但是因為相比以往減少了，在心理上很容易產生「相對剝奪」感。我們一開始給予對方的幫助比較多，當後面給予變少時，對方心理上就會產生「相對剝奪」，進而可能產生「一碗米養恩人，一斗米養仇人」的情況。

即使我們幫了別人很多，結果還是成了別人心目中最不喜歡的人。所以，幫助別人並不是愈多愈好，尤其是一開始的時候。

除此之外，當自己有較為負面的資訊或建議需要傳遞給對方時，也可以採用「先否定後肯定」的模式去敘述，這樣對方的排斥感會減少一些。當對方在工作上有些失誤或不足，我們對其提出改進建議時，可以先指出做得不足的地方，隨後再讚美做得好的地方，對方就不容易產生「相對剝奪」的感受，也更容易接受我們的建議。

● 讚美是門技術活

很多書中都寫到，讚美是人際關係的潤滑劑；卻很少有人告訴我們為什麼需要讚美，也很少說明如何有效讚美。

讚美的意義到底在哪裡呢？美國心理學家亞伯拉罕・馬斯洛（Abraham Harold Maslow）在著作《人類動機理論》中將人的需求分為五個等級，由低到高分別是：生理需要、安全需要、社會需要、尊重需要和自我實現需要（如下頁圖）。

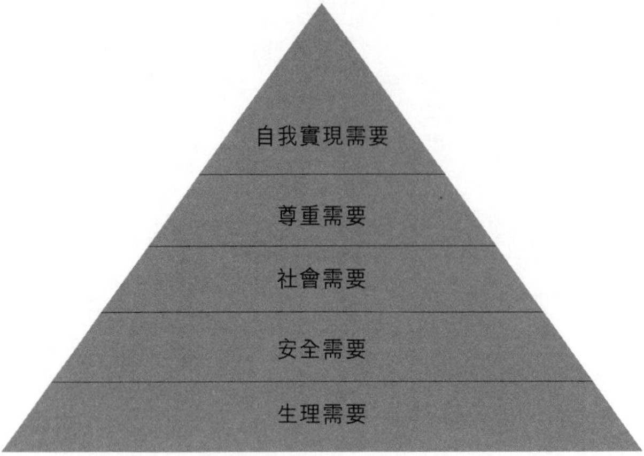

馬斯洛需求層次理論

這五個需求有所交叉，但是低等的需求得到滿足後，再高一個層級的需求就會變成主體需求。社交屬於社會需要，而讚美則屬於更高級的尊重需要。

大多數人的生理需要和安全需要都能夠得到滿足，也能獲得一定的友誼，滿足自己的社會需求。所以，我們在交往過程中會傾向於追求更好的需求，也就是尊重需求。希望別人能夠肯定我們的工作成果和特長。這是我們需要讚美的主要原因之一。

在馬修・利伯曼（Matthew D. Lieberman）的《社交天性》中有一個實驗：實驗者說服參與者聯繫他們的朋友、家人和一些對他們而言比較重要的人，請這些親朋好友寫一封信給參與者，並用非常積極、帶有強烈感情色彩的語言來寫，比如「你是唯一關心我甚於關心自己的人」等。和生活中的其他基本獎賞一樣，這些令人感動的文字，啟動參與者的大腦區域依然是愉悅迴路中的腹側紋狀體。畢竟，凡是能夠帶來愉悅的事物，潛意識系統總是簡單粗暴地總結為「進食和交配」。

有些人覺得八年級生愈來愈難以管理，動不動就跳槽，背後的原因更多是因為尊重需求得不到滿足。尊重需求和自我實現需求在很大程度上比金錢更重要。

這在另一項研究中得到了一定的證明，實驗者要求參與者為贏得他人的好評而競價。結果發現，大多數參與者都願意歸還他們參加試驗所獲得的報酬，只為換得別人對他們的積極評價。

這個社會在時間軸上的發展，基本滿足馬斯洛的需求層次理論。現在已經不再是吃不飽、穿不暖的二十世紀前半，安全需求能夠得到滿足，社交網路也滿足了八年級生的社會需求。他們的主要需求已經變為尊重需要和自我實現需要。如果跟不上時代的步伐，還抱著以往的獎懲制度去管理就很難管住人，也很難留住八年級世代的人才。

回到正文，前面大致講了讚美對我們的重要性和積極意義。不過，怎樣讚美才能夠更行之有效呢？

如果對一個女孩子說「小姐，妳好漂亮」，這樣的讚美方式可能讓對方覺得有些輕浮，沒有真誠感。如果想讓對方覺得你確實用心，用詞最好具體一點，可以讚美對方臉上的一、兩個具體特徵，或是讚美對方的成就。人在心理上認為那些具體的、可描述的讚美更有真實感。比如《情深深雨濛濛》裡面何書桓對依萍的讚美是：「有沒有人告訴過妳，妳笑起來好好看？」

讚美的基本原則依然是真誠，背離了這個出發點就是阿諛奉承；若是找不到對方比較好的讚美點，最好保持沉默。沒必要為了所謂的「好關係」，而選擇背離自己人格品質的行為。

當然，讚美也有效益遞減的規律。一味地讚美，隨著次數增多，對方對你的讚美就愈無感。如果想讓讚美更有意義，我們應該把握好頻率，適當讚美。

3

溝通的藝術

我們透過溝通表達自己的觀點、解釋、期望或評價。溝通能夠讓我們學到不同的思考方式，但是如果雙方在交流過程中缺乏足夠的資訊溝通，或是表達方式讓人難以接受，就容易產生不必要的誤會。我們該如何進行一場有益的溝通呢？

•改掉愛爭辯的毛病

亞里斯多德曾說：「任何人都會生氣，這很簡單；但是在正確的時間、正確的場合，用正確的方式表達憤怒，這可不簡單。」

世界因為每個人的不同而多彩，也因為每個人的不同而充滿爭執。

每個人都希望被理解、被尊重，卻非常難以實現；當自覺不被理解，我們會解釋或爭取。若是對方有著迥異於我們的想法，討論就容易升級為爭執。

究竟爭執是怎麼樣發生的？

自尊的保護需求

每個人都有自我形象維護的需求，抬槓的原因之一是為了維護自我形象——我不比你差。心理學上，有一個自我服務偏差的現象，也就是每個人都會美化和抬高自己。

有過這麼一個實驗：詢問司機群體駕車技術的自我評價，結果只有一％的人的回答是低於平均值的。可見每個人在潛意識裡是多麼看重自己的形象。

抬槓本質上是一種相對的自我拉升，在爭奪話語的控制權，屬於競爭的一種。當我們在爭論中獲得主導權時，會認為獲得了勝利，有時甚至會為了反對而反對，背離一開始討論的初衷，只為獲得自尊心的滿足。

宣洩需求

語言暴力也是暴力的表現形式之一，而暴力的宣洩能夠獲得和其他本能欲望一樣的快感。奧地利生物學家洛倫茲（K. Z. Lorenz）在《論侵犯》中寫道：「侵犯性具有自身的釋放機制，與性欲、食欲等本能一樣都能夠引起特殊快感。」

人也是一種動物，在進化中保留許多原始獸性。暴力的釋放之所以能夠帶來快感，是因為它經常與資源掠奪有關，無論是競爭配偶，還是捕食。所以，人確實有暴力宣洩的需求，在形式上分為內侵（自我傷害）和外侵（傷害他人），如果過於壓制自己的本能，可能導致一次性爆發，而一次性爆發更可怕。

認知域交集較小

人對事物的認知不僅取決於客觀情景，還取決於如何對其進行主觀構建。正所謂橫看成嶺側成峰，每個人對事物的構建基礎都是自己的經驗和知識。

兩個人的知識面就像兩個思維集合，他們存在交集，但是更存在差異；如果雙方不站在對方的立場和經驗考慮問題，這樣的抬槓只會加大雙方的分歧。

講完了抬槓找碴的原因，以下也分析如何才能解決愛爭辯的問題：

增加共同視域

辯論過程中，盡可能在說明一個觀點前增加前提，告訴對方自己觀點的背景和基礎。同時，也盡可能問清楚對方的。最簡單的辦法就是多問一句：「我不太明白為什麼你這麼說，可以再解釋一下嗎？」給了雙方討論緩衝的時間，以減少不理智。

記得電影《搜索》裡面的葉藍秋（高圓圓飾），她因得病而絕望，沒有親人的她只想借老闆的肩哭一下，不巧老闆娘正好撞見，就被說是小三。她坐公車時因為太疲憊了沒有讓座，又被記者報導，變成人人皆知的「不讓座墨鏡姐」，最後跳樓自殺……

如果每個人都能夠與他人有更多共同視域，就不會有那麼多指責和責怪了。生活中也是如此，如果能夠增加自己與對方的共同視域，就更能理解對方的觀點和行為，減少很多不必要的爭執和抬槓行為。

提高自尊水準，懂得自嘲

高自尊的人更容易表現出攻擊性行為，也更容易對別人的語言產生錯誤編碼。因為他們能夠維持自尊的方式比較少，只能透過抬槓和攻擊性等所謂「戰勝對方」的方式來相對提高自己。

想要提高自己，其中比較簡單的辦法就是學會自嘲。自嘲是自我接納的一種表現，能夠較為坦然地面對自己的不足。這也是一種高EQ行為，證明我們有一定的自我認知，知道自己的不足並且能夠接受。

加林斯基（Galinsky）發現，主動將貶低身分的詞語用於自己身上時，可以產生更多「權利感」，緩解自己的不愉悅。另外，如果能夠很好地接納自己，能夠接受自己的不足，也會慢慢明白什麼是真正的自尊、什麼是自己真正需要的，減少抬槓爭執行為。

確立爭辯目的

有一天你想出門，你母親覺得外面很冷，想要你多穿一件外套，而你覺得外套太厚，待會運動後會熱，執意不穿。於是你母親說了句：「不穿就不准你出去。」一開始是交流，慢慢就變成了爭執。為什麼會出現這種情形？這是因為我們在溝通過程中，區分了自我與母親的關係，甚至形成對立。從交流的過程變成互相爭執的模式（A↓B），而不是雙方一起解決問題（AB↓問題）。

在溝通中，關係一旦形成對立模式，我們就會排斥母親的各種建議；母親則會為了維護權威形象，與我們展開「拉鋸戰」。而如果共同立場是去面對問題，就好辦得多。

當母親希望自己多穿一件外套再出門時，你可以加一句：「媽媽，我知道你是為了我好，不過我一會兒可能要運動，會流汗，所以就不穿了。」母親不會感受到立場的對立，也就不會想太多。

在溝通過程中一定要注意，不能為了反對而反對。這無益於解決問題，反而可能引起一場不必要的爭執。解決問題時，嘗試多用「我們」少用「你」，讓對方感受到你們處於同一立場，是一起解決外部問題。

合理宣洩

爭辯是暴力的宣洩方式之一，也不應該完全摒棄。我們經常看到這樣的情況：小倆口常吵架卻沒有離婚，但是模範夫妻卻因為一次小打小鬧而分開了。爭吵也是交流和溝通的一種方式，本質上能夠增進雙方的需求理解。

另外，爭辯能夠合理發洩個人的暴力，避免長期積壓造成一次性爆發。適當地與他人爭論是有益的，但是人身攻擊以及粗話則應盡可能避免，才能是一場互益的爭論。

控制音量

一隻獅子進入另一隻獅子的領地時，獅子之間在打鬥前會互相嘶吼，透過氣勢嚇跑闖入者。同樣地，人類也有這種行為機制，想透過加大音量，在氣勢上讓反對者屈服。但是在大多數情況下，這種做法往往都是失敗的。

因為加大音量會讓對方感受到侵略性，從而產生排斥心理，為了維護自身尊嚴只能反擊，讓爭論變成爭吵和抬槓。所以，自己應盡可能控制音量。我很喜歡名主持人孟非的一句話：「當我們開會在爭吵時，別人之所以願意聽我的建議，是因為我說話非常小聲，別人總是不得不停下爭論問一句：『他剛說什麼？』」

用我非常喜歡的一句話做總結：沒有完美的事物，它存在的不足，只要有心，就可以用它的不足來爭論，甚至攻擊。同樣，也不會有絕對正確的觀點，抬槓不會有真正的勝利。

• 家會傷人——如何與家人親密相處？

有時候經常與父母爭吵不是我們的錯，畢竟父母是一個不用透過考核就能做的「職業」，本身品質良莠不齊。不過，對自己的反省也不能少，否則我們可能是下一批品質不合格的父母。

既然如此，為什麼有些同學可以和老師、同學處得來，與父母則是無止境地爭吵呢？

親情的分離性

許多動物長到一定年齡就會被父母驅逐離開，逼得走向獨立；有的動物甚至剛剛出生，就會被父母「拋棄」。人類做為進化的產物，也留有這樣的進化遺跡。

親情的天然屬性是分離，在青春期與父母的爭吵，實際上也是到了獨立的年齡，父母在履行進化的使命，也就是「趕我們走」，驅使我們走向獨立。然而，現代社會過多的保護，太多青少年本身的自主能力沒有得到完善，尤其是經濟方面。「我長大了」和「你長這麼大了」是爭吵時雙方經常出現的敏感詞。年齡與能力的不匹配，導致了獨立性缺失。既想獨立，卻不得不依附於父母，這是許多人的內部矛盾。

控制感

對環境的安全感知建立在對環境的控制感上。如果能確定環境是可控的，人會有愉悅的心情；如果環境中存在不可控因素，就會產生較高的生理喚醒。就像原始人不確定草叢中是否有獅子，需要保持「警戒狀態」，這個時候在較高生理喚醒狀態，人對環境有更多不信任時，很容易與他人發生爭執。

我們與父母發生的爭執，大多是「控制權」的競爭。一旦長大，自我意識開始覺醒，就需要對自我的控制權，但是父母保留著原先的習慣，依然保持著之前對我們的指導慣性。一般來說，父母控制欲愈強，愈容易與孩子發生爭吵。因為孩子的控制領域被過度壓縮，會產生很大的反彈，進而養成較為叛逆的性格。

積累與超限

矛盾是事物發展的根源，但是矛盾不是一蹴而就的，而是在一定量變之後的表現。

當我們感到疲勞時，其實身體在之前已經消耗了非常多能量，也積累了很多「毒素」。同樣，當我們與父母意見不一致時，在之前也積累了很多爭吵的「材料」了。

我們與父母的爭執是因為一件件瑣事疊加起來的爆發，就像社會資源流動性受阻、慢慢靜止時會產生社會動亂，我們也會因為瑣事一點一滴積累，加上宣洩受阻而爆發。

資訊流差異

以前我們都說代溝，現在開始講「年溝」了。我們所接觸到的資訊形成了觀念，而父執輩與我們所獲取的資訊差異度相對比較大，就導致了兩代觀念不同。隨著網路資訊變化加速，這種觀念和價值傾向的差異愈來愈大。

我們覺得對的，他們覺得錯了；我們認定好的，他們認為壞。相對來說，老師的思想較為開放，能夠接觸的資訊與我們有更多重合，同學、朋友則是年齡相仿且經常交流，他們與我們的資訊流有更多相似性，更能理解我們的想法。

另外一種資訊差異就是「子非魚，安知魚之樂」。父母也不是我們，不能夠完全感知我們的需要。他們覺得外面天冷、需要多穿點，但是我們覺得還行，怕不方便就不想穿。我們也不是父母，無法總是站在父母的角度思考問題，於是就展開了拉鋸。

社會形象成本

獅子如果遭到群體的排斥而落單，往往意味著死亡。人類如果遭到群體的排斥，雖不至於死亡，但是資源的獲取難度會加大，保護自己的能力會降低。所以，人會在意自己的社會評價，在群體面前，更加注意自己的社會形象，我們自然而然會表現出更有禮的行為，並且懂得克制衝動。

如果孩子在父母心中的形象是正面而積極的，孩子就會更在意自己的形象，讓自己的行為與形象趨於相符；如果相反，孩子就不會在意行為對形象的影響，因為在父母面前，他們維繫社會形象的成本很低。在這種情況下，孩子就會採用對抗的方式，因為沒有需要維護的形象，其他方式讓他們覺得「吃力不討好」。

講完了父母與孩子產生分歧的一些原因。做為過來人，我也分享一些與父母積極「抗戰」的經驗。

釋放引導

人類攻擊性分為身體攻擊和言語攻擊。攻擊性與其他人類本能一般，都會引起快感。如果我們長期壓制攻擊性，會對身體產生較多傷害，甚至產生更大的破壞性。

我有一個朋友的小孩很喜歡養小動物。去他家的時候，孩子告訴我他養過很多次倉鼠，大多喜歡咬人，他餵食和撫摸牠們時受了幾次傷。我建議他在籠子裡放一些倉鼠的玩具。一段時間之後，倉鼠變得溫和多了。

之所以會這樣，是因為倉鼠也有攻擊的本能，如果沒有東西讓牠們宣洩，無法磨牙，無法玩鬧，牠們的攻擊性就會一直積累著。小時候對孩子進行各種限制，不讓孩子出去玩的家庭，孩子更容易叛逆。

就像經常生小病的人反而不容易生大病，經常小吵小鬧的兩個人關係也不會很差。因為爭吵也是一種溝通方式，而溝通是了解對方需求和相互磨合的辦法。所以，不用太害怕爭吵，那是一種釋放和促進。

我們更該考慮的是，如何進行不傷害彼此的有效爭吵。比如，清晰定義問題，不要人身攻擊，不要翻舊帳，不要想著說服對方等。其中的細節，大家可以自己去思考。

遠離應激源

哲學上認為，矛盾是對立統一的。同樣，爭執也是一種矛盾，缺少了對象，爭吵就難以進行。而應激源的持續存在更容易對情緒直接反饋，從而更加極端，愈吵愈凶。

如果想要減少自己的憤怒，最好暫時離開應激源，也就是在爭吵時，主動離開陣地，克制住反擊的念頭。人的憤怒情緒具有應激性，在初期的破壞性很大，可能十秒左右的冷靜就能減弱很多。因此暫時離開「陣地」，讓自己憤怒的破壞性降低，也能讓雙方獲得緩衝，減少情緒化反應並整理思路。

寫下爭吵總結

總結的目的是為了避免錯誤。學生時代裡成績很好的同學大多有自己的「訂正本」。生活中如果想要減少與身邊人過多的爭執，最有效的辦法就是經常總結自己的爭吵經驗。

比如自己是否進行人身攻擊了？是否沒能站在對方的立場思考問題？是否「資訊編碼」錯誤了？諸此種種，用筆記或日記的形式記錄，相信長久下來對自己有很大的提升。

人的成長有部分取決於經歷和學識，但是更取決於對事物和場景的回饋能力。能夠及時反思，並在以後少犯錯誤。如果想讓自己進步更快，就需要不斷給自己回饋。做筆記和寫日記是最好的方式。

賦予孩子／家長良好形象

前面也說到，如果我們賦予孩子／家長較好的社會形象，他們就會表現出更多的友善行為。外在評價會影響內在思維，我們都傾向成為別人希望我們成為的那種人。

盡可能真誠地誇讚孩子／家長，是減少爭執的辦法之一。當孩子／家長感受到自己的行為與他人對自己的認知標籤不協調時，會調整自己的行為。

親情像空氣，我們不會特意感知它的存在，但父母對我們的作用如同空氣般重要。我們有必要多學一些交流與溝通的知識，年輕時做個合格的孩子，有孩子了做個合格的父母。

●釋放善意，友好聊天

不學氣象也知道天黑了要下雨；不學銷售技巧也可以說服他人。但是，這樣做的出錯率比較高、效率也比較低。同樣，不學習聊天技巧，也可以與人正常聊天，但是學會了，能讓人更喜歡你。怎樣才能夠好好與人聊天，增強彼此之間的好感呢？這裡我們大致討論一些基本策略。

調整心理距離

心理學曾研究過人在有限空間的反應：我們在電梯中經常無意識地向上看（當時還沒有手機）、看到別人的眼睛會更加不安，其中一個原因就是空間太擁擠。在進化過程中，除非確定是安全的，我們才會與他人靠得很近，但是現在不確定旁人是否是安全的，那麼近的距離會讓我們產生來不及「反應」的感覺，從而感到不安。這是心理距離在空間維度的表現。

既然如此，怎麼確定空間心理距離呢？

心理學家愛德華・霍爾（Edward T. Hall）對此曾經做過研究，並且得出結論。他認為人們的親密距離一般為〇到〇・四五公尺，個人距離是〇・四五到一・二二公尺，社會距離是一・二二到三・六六公尺，公眾距離是三・六六公尺以上。其中，〇・四五到一・二二公尺是我們與他人溝通時的一般距離。

而具體數值可以觀察自己向前是否會引起對方不自覺地後退。如果是，證明在這個距離內，對方對自己還沒有建立起安全感，最好也不要侵犯進入，否則容易激起對方的生理應激。

心理距離會透過話題表現。情感心理空間距離小的人，話題往往比較隨意，會經常「互虧」。比如說，最好的朋友常常虧自己，而我們不會介意，因為雙方間的情感心理距離小，確認對方是安全也無惡意的。但是如果雙方還沒有確定對方是否對自己有隱性威脅，就聊起相對有戲謔性質的話題，容易不歡而散。

聊天過程中要盡可能確定自己和對方的空間心理距離和情感心理距離。直到雙方對彼此有基本了解並建立安全感後，再適當調整話題。

具體讚美

讚美是人際關係的潤滑劑，但是實際上很多人都不太會用。怎樣才能讚美得好？我覺得首先要符合事實，真的有才說有，這是對雙方的基本尊重。

另外是讚美的具體化策略。與平淡的描述相比，我們更喜歡美麗而生動的語言，也更樂意接受生動語言所描述的內容。人的大腦非常容易受視覺化資訊影響，讚美更加具體和有細節，對方會覺得更真實，而且會覺得發出讚美的人很用心。

一個漂亮的女孩被誇漂亮是常有的事，再誇她漂亮，對她心理的邊際作用非常弱。應該嘗試尋找對方其他亮點，比如手指很纖細、鎖骨很美，那樣的誇獎更有水準。

學會提問

A：「你吃過飯了嗎？」

女神：「吃了。」

……

接下來就是無邊無際的冷場。然而這類對話是不是很熟悉呢？其實，這種情況之所以會發生，主要是因為提問沒有策略。我們應該提問方向性的問題，而不是選擇性的問題。甚至可以直接提問假設性的問題。

至於怎麼問，要根據對方的社會角色和性格區分。但是提問的問題不要太燒腦，一旦要花很長時間思考，對方敷衍的可能性就很大。

例如你看到挺可愛的一位護理師，想要過去聊幾句，寒暄一下：「你們醫院感覺挺不錯的，你覺得怎樣？」對方回答：「還可以啊。」然後護理師繼續忙著，只留你在原地……這是因為對這樣的提問，對方如果認真回答需要花費很多精力去組織語言和搜索論證的資訊，就覺得回答這個問題的成本太高，於是索性回答「還可以」，就不用那麼燒腦了，還可以做自己的事情。你可以這樣說（不做參考）：「聽說，護理師都喜歡醫師，這是真的嗎？」

其實，提問最好讓對方對你的問題感興趣，並且不覺得燒腦。建議大家去看尼爾・布朗（Neil Browne）的《問對問題，找答案》（*Asking the Right Question*）和史考特・普勞斯（Scott Plous）的《決策與判斷》（*Psychology of Judgement and Decision Making*）。

行為和情緒的自我調控

行為和情緒具有感染性，看到別人打哈欠，自己也想打哈欠。這個現象的其中一種科學解釋是，人類大腦中存在一種模仿他人行為的神經元——鏡像神經元。我們很容易受到周圍人們行為的影響。電視裡經常出現的罐頭笑聲配音，依據的也是情緒和行為容易受到感染的心理學效應。如果忽略那些笑聲，認真去聽那些娛樂節目的內容，你會發現其實那些笑話很尷尬。但是節目透過笑聲噪音，削弱了我們對內容的判斷力，也利用了鏡像神經元的工作原理，讓我們覺得這個節目有意思。

而在交流過程中，如果我們的動作顯得懶散，對方也會受影響而消極回饋。如果我們在交談過程中顯得拘謹，對方也會變得小心翼翼。

我們在交流過程中應該盡可能保持較好的精神狀態，對方也容易受到感染，給予積極的回應。所以，如果希望對方能有更多回饋，就不要讓自己顯得過分拘謹。

增加熟悉感

人們傾向喜歡熟悉的東西，熟悉在潛意識裡意味著更多安全感。兔子在冬天裡出來覓食時，喜歡走留有自己腳印和味道的路，因為牠們知道上一次走這條路沒有危險。人類也是如此，偏好熟悉的道路。透過增加熟悉感，能夠有效地減少與對方的認知隔閡。就像魯肅見到諸葛亮時說的第一句話是「我是你哥哥的朋友」（大意如此），目的也是為了增加熟悉感。

在交談過程中，可以尋找與對方相似的地方來增加熟悉感，比如說都是外地人，或是畢業於同一間學校，透過尋找地緣和經歷的相似性，帶來熟悉感。

除此之外，觀點相近也能夠增加熟悉感。當對方表達了與我們相近的立場時，可以表示更多認同。當彼此之間的熟悉感建立後，才有更多機會相互了解。

克制過強的表現欲

根據馬斯洛需求層級理論，每個人都有被認可和肯定的需求。我們希望自己的觀點被認可，透過分享讓別人覺得自己學識淵博。但是過強的表現欲也會表現出較強的隱性攻擊形態，比如貶低他人。這樣，就會讓對方覺得沒有安全感，從而對你保持警戒和距離。

這也是為什麼我們不喜歡「過度自我賣弄」的人的原因之一，因為很多人的「自我賣弄」建立在詆毀和貶低他人之上，或讓人感到自己很蠢。

適當表明自己的身分和地位很有必要，畢竟信任的建立需要相互表露。但表露不是一味地單方面強調自己的訴求，更沒必要一開始就掀底牌。有所保留，對方反而可能被你激起認知閉合的需求而追問，也就是成功激起對方對你的興趣。

盡量讓對方表達

交流過程中，如果能讓對方感受到被尊重與重視，對方會更加樂意交流。如果對方希望獲得更多關懷，我們該在傾聽時盡力讓其感到溫暖。在交流過程中，盡可能讓對方表達，本質上就是讓對方建立表現欲的滿足機制和尋求安慰的代償機制，如果能夠結合固定的時間點，就更容易增加對方與我們交流的好感。

但是，真正的溝通和交流中最重要的，還是真誠。不真誠的話，再多技巧也是徒勞。

•以「自我實現預言」為建議

我大學的時候，有一次因為沒有注意到室友在睡覺，看影片的音量比較大，吵到了他。他並沒有直接對我說影片太大聲了、關小聲點，而是用帶著睡意的聲音說：「XX，你做為一個高EQ的人，我要睡覺了……」我回頭看到他躺在床上就明白他要表達什麼了，於是對他笑了笑，戴上了耳機。

還有一次，期末我們到圖書館「臨時抱佛腳」，一對離我們不遠的情侶吵了起來，非常大聲。我同學覺得不好，於是走過去，但他不是直接說他們的行為影響到幾十個讀書的同學了，而是對那個女的說：「我們都是有素質的大學生，請注意一下自己的行為。」

他之所以讓人願意接受他的建議，實際上是利用了心理學上的自我實現預言——我們對別人的心理預期會讓對方產生往這個方向發展的傾向。

社會心理學家羅森塔爾（Robert Rosenthal）曾經做過一個實驗。他和助手們來到一所小學，說要進行七項實驗。他們從一至六年級各選了三個班，對這十八個班的學生進行了「未來發展趨勢測驗」。之後，羅森塔爾以讚許的口吻將一份「最有發展前途者」名單交給了校長和相關老師，並叮囑他們務必保密，以免影響實驗的準確性。事實上，名單上的學生是隨便挑選出來的。

但是八個月後，羅森塔爾和助手們對那十八個班級的學生進行複試，結果，奇蹟出現了：凡是上了名單的學生，個個成績都有了較大的進步，而且性格活潑開朗，自信心強，求知欲旺盛，更樂於和別人打交道。

這就是自我實現預言的威力，羅森塔爾將名單提交後，老師對學生產生了積極的心理預期，並且回饋給這些學生的積極行為和態度，讓這些學生感受到鼓勵和支援，進而變得更加積極和自信。

同樣，如果我們想要別人在不良習慣上有所改變，也可以用這種方式讓他們朝更好的方向發展。

想要讓自己肥胖的老爸減肥時，我們不應該對他說：「老爸，你太胖了，再這樣下去對身體不好，你需要減肥。」這樣只會讓老爸固化自己是「肥胖」的形象，反而更難以行動。如果想要讓自己的父親有更好的改變，我們需要不斷提醒的是：「老爸，我覺得你挺會養生的，如果身體養瘦一點就更好了。」這樣就不會讓他產生與減肥相矛盾的「肥胖形象」，反而潛意識裡激發他追求健康的形象，進而做出與其形象一致的行為。

「自我實現預言」在兒童身上效果最為明顯，因為兒童時期是模仿力和表現欲最強的人生階段。一旦我們給孩子貼上一個「標籤」，他們就會自己做形象管理，使行為與所貼標籤內容相近。那些經常被父母批評「怎麼那麼不乖」、「怎麼那麼笨」的孩子，也會朝著他們被賦予的「預期」發展，進而造成惡性循環。

積極心理學創始人克里斯多夫・彼得森（Christopher Peterson）在著作《積極心理學》中說道，積極的語言和情緒能夠擴寬孩子的思維和提高他們的創造力。相反地，過多負面評價會讓孩子發生思維的「窄化效應」。一項關於貧窮對個人發展的長期研究發現，貧窮家庭的孩子接收到的詞彙量是中產以上家庭的一半，而接收到的負面語言則更多，而這可能是造成下一代貧窮的原因之一。

所以，想讓身邊的人聽進善意的建議，並變得更加積極和友好，可以用「自我實現預言」的心理學技巧，為他們貼上積極的標籤，讓他們朝著這個標籤發展。

4 相處的藝術

心理學家史提夫・科爾（Steve Kerr）研究發現，孤獨感對人的傷害不亞於香菸，經常感到缺乏社會支持的人，他們體內的皮質醇水準更高，導致炎症的蛋白質更爲活躍。既然我們的身體已經適應了這種群居的習慣，又該如何更好地與身邊的人相處及合作呢？

・不理性的厭惡——本能干涉

當我們見到一個人，有時候即使在此之前沒有相遇過，毫無瓜葛，也會下意識地不喜歡對方，帶有很強的排斥感。

不喜歡一個人絕對有原因，只是很多時候自己並沒有察覺出具體是哪些，或說不出為什麼，就是有種不喜歡的感覺。這種感覺就像聞到臭味想捂鼻子、遇到危險要逃跑一樣，都是一種自發的保護機制。

我們為什麼會討厭一個人呢？

資源競爭

與別人發生資源競爭時，我們或多或少會排斥對方。人類大多數戰爭都是圍繞資源的爭奪而生，缺少資源意味著生存劣勢。我們在進化過程中，很自然地產生對資源競爭者的警惕和潛意識的敵意。我們對遠方的強者有更多敬畏，對身邊朋友會有更多嫉妒。實際上，這是因為我們與朋友的資源交集比較大，產生的競爭更多。一旦有了競爭，就存在一定程度的對立，就容易產生敵意與厭惡。

在生態系統中，兩個物種存在的資源交集愈大，對彼此的敵意也愈強。同樣，個人如果與他人之間存在較多競爭，很自然地會與對方產生對立關係。

安全需求的應激

另外，如果一個人經常侵犯我們的心理空間，就會討厭對方，想要與之保持距離。巴斯（David M. Buss）在著作《進化心理學》的觀點是：厭惡一些人和事是一種自我的保護機制，可以讓我們規避掉一些對生命的威脅。

我們需要對環境的控制感以獲得安全感。如果我們對環境的控制感很差，就會產生更多應激反應——因為沒有控制感，往往意味著存在風險。就像聽到手指劃玻璃的噪音，即使實驗證明，它對我們的聽力沒有任何影響，但還是會自發地厭惡，因為它對環境的其他資訊有一定的遮罩作用，讓我們無法更好地評估環境，造成對環境的預期不穩定，進而產生恐懼與厭惡。

在生活中，如果有一個人經常製造非常多不確定性因素，我們就會對其產生明顯的排斥感。比如說，在大學宿舍裡，到了關燈時間，你想要入睡，但發現還有人在打遊戲、放音樂，製造吵鬧的環境，你可能會很不開心。這是因為你覺得這些因素干擾到對睡眠環境的控制感。

實際上，生活中凡是強加到我們身上的，都會削弱我們對環境的控制感，讓我們感到不安全、不自在，也產生一定的厭惡感。

隱形記憶的「錯搭」

「只因為在茫茫人海中多看了你一眼，兩個人就莫名其妙打了起來。」這個段子透露著我們不喜歡一個人的另一個原因。在生活中，我們會看到一些人，還沒有說過話，更沒有任何其他接觸，就覺得註定與這個人合不來。傳統說法是氣場不合，現在的說法是心理不相容。

無緣無故不喜歡某個人，可能是因為對方與曾經傷害我們的人或事有一定的相似處，甚至是我們腦補出來的相似處去佐證。對這種「無緣無故」的不喜歡，也有另一種解釋，那就是，他與我們的行為模式有較多的重合，讓我們感覺到本我的顯露，不自覺地討厭他——實際上就是討厭內心深處那個想要隱藏的自己。

無論是哪個原因，這種厭惡都更像是內隱記憶發揮作用，即使無法想起來，它仍在潛意識裡影響我們對他人的認知，進行喜惡判斷。

反應性厭惡

我們不喜歡別人的第四個原因也可能是在接觸過程中，發現了對方對我們的負面態度，因而產生抵抗情緒。情緒本身具有感染性。要是被別人拒絕，我們很容易感到失落和不開心。如果對方給的理由非常主觀——「沒什麼，就是不喜歡你才拒絕的」，我們就會因為這份敵意產生更多厭惡。

超過七十％的情緒可以透過身體察覺得知。如果一個人不喜歡我們，即使言語上沒有很多表現，我們還是能夠感受到對方的想法。這是很自然的生理反應。一個充滿敵意的人會喚醒我們對環境的警惕和攻擊，以保證自己的安全，我們的不友善也會讓對方產生反應性厭惡。

總之，排斥一個人大概有以上的原因。被人喜歡和欣賞是一件很美妙的事情，每個人都希望能夠被更多人喜歡；但是讓每個人喜歡自己是一件非常困難的事。即使是同樣的行為，可能有的人認為是勇敢，有的人則認為是魯莽。

所以，遭遇不喜歡也是一件很正常的事情，應該理性接受這個事實。該如何面對不喜歡我們的人呢？

保持距離

首先，如果雙方關係比較差，最直接的辦法是保持距離。噪音源離我們愈近，愈讓我們感到煩躁；厭惡源離我們愈近，也愈容易陷入不愉快之中。距離太近的情侶，例如班對，可能更容易分手，一個原因是吵架的時候沒有距離帶來的緩衝，愈看愈生厭，導致關係破裂。

如果無法忍受討厭的人，最好的辦法是換一個環境，遠離他們。人有一套很好的自我保護機制——就是遺忘。只要不經常看到，我們慢慢會忘記這個人對自己的意義，以及對我們的負面影響。

增進合作

如果感受到對方對我們存有誤解，可以增進與對方的合作來化解誤會。競爭性接觸會分化關係，但是合作性接觸會增加好感。

就像政治家為了轉移內部紛爭焦點，往往會製造外部敵人。比如美國製造中國威脅論，就是透過共同敵人和外部目標產生群體歸屬感，進而減少內部的破壞行為，如遊行抗議等。電視劇中也經常看到，原本互有過節的人，因為任務分配而需要搭擋，慢慢地因為合作而對對方有更多好感和信任。由此可見，成功的合作能夠增加相互的吸引力，減少厭惡。

如果想讓對方減少對自己的厭惡，可以請對方幫忙（不是去幫對方的忙）。對方幫忙的同時，會產生更多的「弱者關懷」，以後更可能幫助你。想讓兩個互相討厭的人減少敵意，有效的辦法是讓他們協作完成一個任務，並且成功。

意識到放大的生理反應

有時候，對環境和他人的排斥感是放大的生理作用所造成的。比如說，我高中的時候非常努力讀書，升學的壓力很大，基本上每天晚上一點睡覺，六點起床，沒有午睡。那段時間裡，我對班上的任何聲音非常敏感，對一些搗亂的行為都看不順眼，雖然能靠著較高的EQ制止別人，但有時也能感受到確實是自己的問題，明顯的環境適應不良。後來，我每天起床後都到操場跑步，開始培養午睡的習慣，才慢慢不再對環境敏感多疑。

讀到書上寫的知識我才明白，自己身體狀況差的時候，會自發地感受到不安全情況，會分泌更多皮質醇應激，更加警惕周圍環境。有的女孩子在生理期間也是如此，因為營養元素大量流失，身體狀態不佳，潛意識裡發出「我受傷了」的信號，大大提高了應激激素皮質醇的含量，進而釋放出體內儲存的能量，促進恢復。

這些生理反應會導致她們對周圍更為敏感多疑，產生更多攻擊性。而這些情況造成對環境和他人的厭惡，都可以透過運動來規避。

運動能夠促進身體釋放血清素和腦內啡等物質。運動時，大腦感知到身體的疲勞，就會開始釋放這些物質，減少疲勞感，促使身體恢復平靜。同時，這些興奮類激素也能消除各種緊張和不安。適量的運動可以大大減少健康低落引起的過度敏感和緊張。

另外，發現自己的不友善時，一定要提前干預。嘴巴沒說什麼，但是身體總是很誠實，七十%以上的情緒可以透過身體傳達。即使隱藏對一個人的討厭，對方還是可以輕易感受到。情緒會隨著互動回饋。當對方察覺到我們的不友善之後，往往也會以此回饋。如果想要忍住不愉快的情緒，請記得控制自己的身體語言，盡量放輕鬆，自然些，減少刻意——想讓對方減少敵意的前提是：自己也減少敵對。

還有，不喜歡一個人的時候，我們在詮釋對方語言和行為時會有更多的主觀成分，出現「可疑資訊」時，往往會自發地腦補驗證：「我就知道他不懷好意，我就知道他是這種人。」實際上，對方的行為並沒有針對性，卻被我們的大腦自發定義為針對自身，進而做出負面回饋，以牙還牙。結果自然是雙方之間的惡意愈來愈深。當自己對一個人有所厭惡的時候，一定要提前干預自己的行為，減少惡意和扭曲。

•放下執念

我們可能會遇到這樣的情況：明明對一件事或一個人喜歡得不得了，但是真正得到之後，發現這個人或事物沒有自己想的那麼完美，自己也不是真的那麼喜歡。為什麼會產生這樣的情況？為什麼會無法放下自己的執念？

認知閉合的需求

人天生就有一種做事有始有終的驅動力，人們之所以會忘記一些已完成的事物，是因為想要完成的動機得到了滿足，如果工作還未完成，這個動機便會讓人對此留下深刻印象，使得我們沒有辦法安心去做下一件事情。比方說我們外出住宿的時候會記得自己的房號，一旦離開很快就忘記。還有，玩遊戲時，即使媽媽喊著全名、提醒開飯了，我們還是會說：玩完這局就來了。

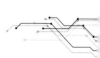

沉沒成本的干擾

另外，人們想要放下執念的時候，不僅是看這件事情對自己是否有益，還會看過去是否對這件事情有所投入。如果我們曾經投入，就會對這件事情有更強的執念。

人對「獲得」和「失去」是有兩個心理帳戶的。大腦對損失和恐懼有著更加敏感的反應，知道一旦放棄和失去，就會帶來恐懼和損失，所以，大腦會對付出特別敏感。一些人之所以賭博賭到傾家蕩產也是這個原因，總想著贏回來。情侶分手的時候經常會聽到這麼一句話：我為你付出那麼多，你為什麼還要離開我？

自尊心引發的逆反心理

還有，人天生就是逆反動物。參與稀缺競爭，會帶來強烈的刺激性。我們會因為受拒絕而覺得自尊心受損（丟臉）；去做一件事，可能後來的目的不再是當初那個，更多是為了挽回面子，這也是心理學上的「受挫—攻擊」理論。

受挫被拒絕會帶來攻擊行為，有的人攻擊性較為溫和，就會表現為加倍進取和努力；有的較為激進，就會產生暴力行為。電視劇的橋段怎麼演來著？霸道總裁遇到一個敢於反對自己的人，為了讓她服從和認同，自己想方設法在她面前表現自己。

對確定性的追求

神祕感讓人對事物有更多敬畏，我們對神祕的事物也有更多崇拜。一旦一些人或事能給我們足夠的確定性，就會減少對他們的尊重和執念，就像我們知道風雨的形成原因，就不會再相信「風神、雨神」。

這也是我們對親人表現出更多不滿的原因之一，因為他們是確定的，我們知道是安全的，得罪的成本在可接受的範圍之內。而陌生人則是不確定且有得罪風險的，誰也不知道他們會對我們造成多少傷害。

表現在執念上，我們對一些人之所以戀戀不捨，是因為他們帶來了輕度的不確定性，讓我們感覺到神祕、吸引力。當對方一言不發時，會讓人焦躁地想知道他內心在想什麼。我們會處於猜想之中，愈陷愈深。對方的一舉一動都認為有其含義。這個時候，很容易模糊這種情緒的界限，因此念念不忘。

講完了我們為什麼會有執念，大家可以根據前面的分析自己想想辦法，在這裡提供一些我的經驗。

完成未完成的事

完成一件事情是放下執念較好的辦法。電視劇經常有這一幕：垂死的人憋著一口氣，等一個人來說最後一句話，然後才離開。其實比起抗日神劇，這不算扯，而是認知閉合的需求帶來的力量確實非常強大。

如果那件事情是能夠實現的，就盡可能去做吧。比如，向喜歡的人表白，失敗了也當作完成了（當然，也可能引發受挫—攻擊）。

反問自己的本意

沉沒成本到底是放棄還是不放棄，其實是非常令人頭疼的事。放棄了導致浪費，繼續堅持可能造成更多損失。就像追女孩追得千辛萬苦，還是不能擄獲芳心。想放棄，覺得自己再堅持一下可能對方會同意，但是又覺得貌似永遠不可能。

但是有些事情比較確定，那就是對事物的認知態度——自己是真的喜歡，還是因為捨不得沉沒成本？買了一張電影票，看了一半覺得不好看，就離開吧，這樣可以省下更多時間去做自己喜歡的事。不要捨不得，否則是錯上加錯。同樣，對一個人已經感覺不到溫存了，就不要再勉強和欺騙自己了。

減少距離帶來的美化

我們會因為與對方的距離產生尊重和喜歡。有時候之所以放不下一些人和事，是因為這種距離感，讓我們過度美化需要的東西。比如父母口中「隔壁家的孩子」、老師口中「上一屆學生」，總是很厲害，這都是距離感帶來的不正確認知。只是這樣的距離感讓自己看不到，從而美化了未知的和未得到的人或事，讓人更加迷戀。

每個人、每件事物都會有其不足之處，直到接近的時候，可能才會發現：那並沒有我想像的那麼美好。

接納心中的念頭

愈是排斥一件事，它就會愈會影響我們。就像那句「不要去想大象」，反而讓我們腦子裡滿滿的都是大象。所以，盡量不要去排斥自己的執念。

如果心中有執念，不要一直希望能夠忘記，而是盡可能順著去思考，引導自己慢慢走出來。這樣不會引發「受挫─逆反」機制，更加容易放下執念。你會發現，當不去排斥，接受放不下的事實時，反而會讓自己真正放下。

・順利合作不推托

合作是常見的群體行為。螞蟻透過合作，構築蟻巢並且維持群體存活；植物透過合作固土保水，組成穩定的生態系統；人類透過合作完成一個又一個建築奇蹟。大衛・德斯迪諾（David DeSteno）在《信任的假象》（*The Truth About Trust*）中寫道：從進化的角度看，我們之所以會信任別人，與別人展開合作，很重要的一個原因是我們不夠強大，必須借外界的力量，達到各自的目標。

當然，德斯迪諾的解釋方向相對偏現實和功利，他並沒有發現生活中也存在非常多利他型合作。不過，總體來說，社會高度發展的今天，人們因為自身能力有限，對外界的依賴也愈來愈強，個體發展能夠到達的高度限制也愈來愈大。

合作能夠讓專業的人完成專業的事，進而提高整個社會的運行效率。但是，與別人合作也存在很多的問題，最大的問題就是可能存在「社會惰化」的現象。

法國的工程師林格曼（Ringelmann）做了一個實驗。他要求被試者分別在單獨與不同規模的群體等情境下拉繩子，並用電子秤測量拉力。結果發現，隨著群體規模增大，每個受試者平均使出的拉力呈下降狀態。個人拉繩子時平均出力六十三公斤；三人群體拉時，每個人平均出力是五十三・五公斤；而八人群體的平均拉力不到個人時的一半，平均拉力只有三十一公斤。

而心理學家史密斯（H. Smith）在一九七六年的研究中發現，前蘇聯集體農民每天要農作的耕地不固定，他們對任何一塊土地都沒有直接責任。但是農民被允許有一塊很小的私人耕地，而這塊占全部耕地一％的私人耕地，產出卻占前蘇聯農場產出的二十七％。

也就是說，處於群體中，並且感受不到對群體的責任時，人們會不再積極，並且產生怠惰心理，不會盡力完成自己的任務。再差一點的情況就是互相推諉工作任務，最後推給某個老實人去做。

如果需要與別人合作，並且希望對方能夠盡心一些，我們該如何做比較好呢？行之有效的辦法就是明確工作責任，減少責任的推諉空間。進行任務分工時，需要確認每個人分配到的任務，避免交叉或重複。

心理學家威廉斯（Williams）等人發現，可以透過「個體產出可識別化」的方式減少社會惰化現象。他透過對大學游泳隊的隊內接力賽觀察發現，當有人監控並且單獨報出每個人所用的時間時，整體游泳的速度會隨之提高。當人們覺得自己的付出和收益情況會被識別，想要搭「群體便車」時就會多一層顧慮——社會評價。我以前的主管在催進度時，經常會留言「已經有三分之二的人提交了報告，希望未提交的成員盡快提交」，未提交報告的成員擔心自己成為扯後腿的人，會盡快交出。

減少「社會惰化」的另一個辦法則是，增加群體的凝聚力。很多管理研究者強調建設企業文化對效率的重要性，當人們感受到良好的企業文化並且認同時，就會提高自己的積極性。尤其是合作對象是自己熟悉和喜歡的人時，群體合作的效率更可能超過個體總和，比如說以色列的集體農場的總產量就比個體農場的產量高。

如果想要與別人合作得更好，提高合作效率，避免紛爭，就需要建設良好的內部關係，盡可能確立每個人的責任。這樣可以大大減少過程中的推諉和爭執。

• 如何減少負面情緒？

解決問題最重要的是找到源頭，就像頭疼的成因有很多，疲憊感也是如此，無一通法而解全之——如果想要減少負面情緒的干擾，就需要先找到讓人沉浸於負面情緒的因素。

完美主義

在經濟學上，追求極致的代價，可能最後的一％需要的成本會是前面九十九％的總和。也就是追求極致的代價是極致成本。換句話說，如果對一件產品的性能追求達到百分之百，我們需要付出的是在這一％上投入數十倍，甚至百倍的代價。顯然非常不划算。

同樣，個人行為模式也有這樣的情況，完美主義會降低「時間貼現率」，付出極為高昂的成本。讓人不得不花更多時間和精力去改善，陷入一種「追求—不滿足」的迴圈之中，在低效率和長時間的高壓中產生疲憊感。

生理性疲勞

身體溫度在一天當中是呈週期性變化的，心理能量也是如此，會像海水潮汐一般時高時低，我們稱其為「心潮」。也就是說，我們對抗疲勞的能量非常有限，且是不斷變化的。如果我們不好好睡覺，不好好鍛鍊身體，身體的抑制性遞質因子和毒素不能及時排出，會愈來愈多，降低生理應激，讓我們產生生理疲勞。（當然，這裡的生理疲勞還包括生病和女性生理期報到。）

競爭性壓力

前面說到，人類的成長史就是資源配置史，一個人的成長一直伴隨著資源的獲取和失去。我們需要的資源包括社交認可資源、注意力資源、物質資源、安全資源等。但是，資源的獲取也會帶來壓力，畢竟資源的獲取不是簡單的事情。

資源獲取有其自身的交換體系，想要獲得一種就必須拿另一種來交換。想獲得更多社交資源就必須花更多精力去維護，想獲得物質就必須加倍努力。當感知到「付出—收穫」不對等，我們就容易感受到疲憊感和失落。

錯誤歸因

面對同樣的事情，每個人的反應情緒都不一樣，因為對事物構建的意識不同。心理學上有一個情緒ABC理論：一群人面對同樣事情時，因為經驗和所受教育的不同，對這件事情會產生不同的認知信念，進而產生不同的情緒和行為。

我們當中的大多數人都會有或多或少的非理性概念，比如希望被每個人所喜歡，或是一個行為失誤就認為形象全毀，這種絕對化思維帶給我們的疲勞感非常大。實際上，這和前面所說的完美主義有所重合，都需要我們付出更多精力去維護，讓自己生活在小心翼翼之中。

講完為什麼會產生疲勞感的部分原因後，相信大家可以大致知道自己為什麼產生負面情緒了。怎樣才能減輕自己的疲勞感呢？

自我預防

行為決策屬於自我對弈，而下棋最重要的是知道對方的下一步棋怎麼走。同樣，想要戰勝自己，最好的辦法是自我預防，掐斷完美主義的念頭。實際上，這是常用的自我心理調節的辦法，稱之為「再認知過程」。

比方說，有的人總是希望總結出一個高效的辦法，從而陷入了對工作學習方法論的過度追求，導致低效。能夠意識到這點，就應該找出一、兩個較好的辦法去訓練，停止對方法論的過度追求，否則時間和成本上也划不來，得不償失。

還有，我們總是希望讓所有人喜歡，但是我們與環境、他人又是非純粹關係，也就是存在競合關係。「讓每個人都喜歡」——這種「絕對化認知」是幾乎不可能實現的，自己必須體會到這一點，預防非理性信念，給自己盡可能多的正面暗示。

以前看過一則新聞，一個明星在拍戲過程中遇到一個小學生暈倒，她抱著孩子去了醫院，結果很多人認為這個明星炒新聞。實際上，如果她不去抱，我想她粉絲頁的留言中一定會有「沒愛心」的評論。也就是說，即使所做的事情基本上沒有錯誤，還是會有人對此加以評論。所以，經常提醒自己沒有完美的選擇，意識到想法中存在的不足並接受它，可以減少其帶來的焦慮。

增加自我能動性

戲謔一點說，沒有什麼疲勞是睡一覺解決不了的，如果有，那就睡兩覺。睡眠時，身體會分解和排出毒素廢棄物，以及恢復身體機能。大腦會分解β－類澱粉蛋白等，工作一天的器官組織得到休息而恢復。睡覺對緩解疲勞非常有效。

睡覺的時候，身體會分泌一定的皮質醇，而皮質醇有消炎的功能，能夠恢復身體的受損的組織。睡眠產生的皮質醇水準屬於較為正常範圍，也能提高身體免疫力，讓身體恢復得更好。

除了睡覺，還有運動。人的身體存在著興奮類遞質和抑制類遞質，兩者是「你多我少」的關係。而運動的好處之一就是增加興奮類和恢復機能的遞質，不會因為過多的抑制導致疲勞。

運動和睡覺能夠降低生理性疲勞，也就是說，一般女孩子身體好的時候，可以顯著地改善痛經。

提高個人能力

有時候感到無奈和疲憊，是因為能力有限，但想得到的太多，也就是資源獲取受到較大阻力。除了降低對資源獲取的預期之外，更需要做的是提高自己的能力。

提升自己是解決問題的第一法則。當自己的能力充足時，不會對每件事都感到焦頭爛額。就像原始人在打獵時，如果夠強，遇到危險就能夠在一定程度上克服，生存也會更加輕鬆。

我自己以前玩競技遊戲（競爭）時，一開始想升級（榮譽資源），但總是失敗（受挫），後來自己的競技能力碾壓全場（能力提升），就很少有一種無奈和心理疲憊感了（結果）。反而別人會因為你的存在產生更多競爭性壓力和無助感。

社會是殘酷的，無時無刻不在比較和競爭，如果不能好好提升能力，被淘汰就在所難免。想要讓自己活得輕鬆，反而需要在之前付出更多努力。

避免負面的自我強化

我們會因為快樂而手舞足蹈，也會因為手舞足蹈而感到快樂。因為情緒和行為是會互相影響的。如果因為感到疲憊而陷入負面情緒，往往會陷入一種疲憊和無助感的自我強化，讓疲勞感加劇。

疲勞的時候最好不要一個人沉浸其中，多與人溝通和交流。如果想要自己靜一靜，也不要過分排斥他人，因為愈排斥愈容易深陷其中。

避免過分激動的情緒

我們常說：「段子手把快樂給了我們，傷心留給了自己。」這句話有一定的理論基礎——心理擺。當外界因素對人們的心理產生刺激時，人的心理狀態便會呈現出多層次或兩極分化的特點，也就是鐘擺式的兩極搖晃。

在好友聚會後或遊戲下線後感到更明顯的失落，也有這個原因，說得再明顯點就是樂極生悲。所以，不要讓自己產生過分激動的情緒，也是減少失落和疲憊感的辦法之一。

・面具背後——如何了解一個人？

我們的一生會遇到千千萬萬個人，不可能保證每個人都是好人，但是能用經驗和知識遠離會讓自己難過和煎熬的人，減少傷害。

以前朋友開玩笑說，想要看清楚一個女孩，就帶她去游泳。一下子就能知道這個女孩的真實身材，也可以看到她素顏的樣子。同樣，想要認識一個人，最好是在他卸下所有「偽裝」的時候。一個人會在什麼時候卸下保護自己的面具和盔甲呢？

對家人的態度

任何人都是如此，在進化中，就像害怕黑夜一般，對待未知和陌生也有更多畏懼。家人給了我們確定性和安全感，我們知道對他們發出憤怒，不會帶來很大的傷害。而陌生人帶來的是未知，我們不知道對他們不尊重會給自己帶來什麼後果，所以會多些尊重。

如果一個人在家人面前依然保持尊重，沒有很強的控制欲望，不會不自覺地暴躁，這個人的人品基本上就過關了。這是很重要的，如果你以後可能成為對方的家人，現在他／

她對家人的態度，往往就是以後對你的態度。

關係最近的五個好友

人類交友的目的有兩個——互悅和互利。一個人最親近的五位好友，其人格加權往往就是這個人人格的大致反映。尤其是學生時代的交友，因為這時交友目的更為純粹，互悅的成分更多。

兩個人能夠成為好友的前提之一是心理互容，也就是有較多認知重合之處。一、兩個好友也許不能客觀地反映一個人，但是五個好友的加權，反映出來的人格偏差也不會太大。

如何處理意見分歧？

黑格爾（G. W. F. Hegel）說過：「分歧無處不在，這也是事物發展的根源。」每天都會遇到許多事物的分歧之處，有和他人的，也有和自己的。一個人處理這類情況的能力有多強，能到達的高度就有多高。

想要知道一個人為人如何，更好的角度是了解處理紛爭的能力。當自己與自己矛盾的時候，能否清楚意識到自己的不足？與他人意見不同的時候，是否為自己和他人留下退路？能夠處理好自身問題的人，有著較高的自我認知，因為知道自己的不足；能夠處理好自己與他人，擁有更強的共情能力，更懂得尊重和謙讓。

憤怒時的行為

陽光背後一定會有陰影，再繁華的城市也有髒亂的角落，再好的人也會有憤怒的時候。一個人憤怒時往往會失去理智，帶有更多破壞性。

我們不能因為一、兩次的憤怒而否定一個人，但是可以從觀察對方憤怒時帶來的破壞性，了解這個人到底能夠有多壞，尤其是對身分、地位不及自己的人表示不滿的時候。如果暴怒時仍然能夠節制地宣洩，這樣的人必有著強大的內心和獨立人格。

精力分配

觀察細節誰都知道，誰都會說，但是很少有人告訴你怎麼觀察，什麼時候觀察最有效。想知道一個人到底是上進還是放縱，最簡單的方法就是觀察精力分配。

就拿社群頁面來舉例，一個人的動態如果都是吃喝玩樂或明星八卦，這個人肯定很會玩也很會賣弄；一個人如果經常洗板，大多是不太懂共情，也不太懂為他人著想的人；一

個人很少更新動態，可能是因為有處理不完的事情，也可能是因為不需要別人的按讚，生活可能更加獨立。

很久以前，韓國有一個較不嚴格的資料研究，發現每天花兩個小時在韓劇上的人往往是低收入群體；我也相信，除了工作互動需要，一個人如果每天能花兩小時不停地刷微博，這個人的時間應該非常不值錢。靜態來看，他的時間成本非常低，能創造的價值也不高。

總之，不要因為距離而忽略事實，從而美化或醜化對方。沒有完美的事物，人也如此，如果一定要找，其存在的不足肯定找得到。如果一個人的「裝」是一輩子的，那也是受到教化的好習慣。

古語有云：「論行不論心，論心無好人。」別人開心、我們開心就可以了，我們沒權利也不應指責別人。

但願，我們都能遇到對的人。

5 情緒拔河

積極的情緒不僅能夠提高我們的工作效率，也有助於提高免疫力；積極情緒還能拓寬視野，讓我們更具創造力。而當我們沉浸於負面情緒之中，生理和心理都會受到一定程度的損害。所以，盡可能保持良好的情緒對健康和能力都有重要意義。可是，我們為什麼總是陷入深深的負面情緒之中呢？如何才能長時間保持好心情呢？

●「有始有終」對情緒的影響

小時候是不是常遇到這種情況：玩遊戲玩到一半或專注地做功課做到一半時，媽媽叫吃飯，我們總會回答：「等一下，弄完這部分就來。」為什麼會出現這種情況呢？這是因為人天生就有一種做事有始有終的驅動力。入住飯店時，我們總能清楚記住自己的房號，一旦退了房，很快就會忘記，這是因為我們的完成動機已經得到滿足；而如果事情沒有結尾，我們就會對其耿耿於懷。

這種效應雖然能夠讓我們做事有始有終，但它也會讓我們陷入負面情緒之中。在施瓦茲（Jeffrey M. Schwartz）的著作《腦鎖：如何擺脫強迫症》（*Brain Lock: Free Yourself from Obsessive-Compulsive Behavior*）一書中有提到。當我們覺得「事情還沒完」時，大腦的眼窩前額皮質就會被外界不安全的資訊激發得興奮起來，從而向位於皮質最深部位的扣帶迴發出信號。扣帶迴觸發了可怕的焦慮後，將資訊上傳給中樞指揮系統類扁桃體結構進行評估後，向身體發出信號，進而提高皮質醇含量，讓我們感覺到不安，並做出相應的反應。

位於大腦中心底層的尾狀核是動力的源泉，屬於多巴胺系統的一部分。在正常情況下，當我們覺得一件事情了結時，神經細胞興奮的傳遞會慢慢停止「動力」供應，由興奮回歸平靜。

而強迫情緒的發生實際上是尾狀核制動失靈，即使事情已經結束，但眼窩前額皮質和扣帶迴卻不會自動回歸平靜，始終被鎖在興奮狀態，令恐懼的傳遞迴路始終處於接通狀態，不斷地向杏仁體結構區域上傳著「進行中」的資訊，中樞指揮系統就會不斷提醒你考慮各種危險，從而表現出強迫情緒的症狀。

當我們處於這種「某事進行中」的狀態時，獎勵中樞的重要組成尾狀核會被「占用」，大腦也會出現「腦鎖住」現象。這個時候分泌血清素、多巴胺等激素的功能無法正常進行，就會產生各種負面情緒——焦慮、尷尬和失落。

這種現象在生物進化上有其積極意義，會促使我們檢查做過的事情，及時查漏、補缺，減少潛在風險，並且能夠從中汲取經驗，比如出行的小白兔不時回頭看有沒有大灰狼跟蹤，草原裡的羚羊不停左顧右盼看是否有獅子。但是隨著社會壓力愈來愈大，我們需要考慮的事情愈來愈多，這一功能的工作強度也在增加，更容易發生制動失靈的現象，對一件事情不斷重複檢查是否已經結束。

當我們面對讓人焦慮和失落的事情時，這種「腦鎖住」的現象會更為明顯。怎樣才能走出負面情緒的「腦鎖住」呢？

新南威爾斯大學心理學院的博士艾麗西亞・威廉姆斯（Alishia Williams）和蜜雪兒・莫爾茲（Michelle Moulds）進行了這樣一個實驗。他們讓七十七名參與者回想在過去一週內，自動出現在腦海中的不愉快事件或情境記憶，並將所有參與者隨機分成兩組。他們讓一組受試者更頻繁思考這些負面事件，如仔細想想這件事的發生原因以及對自己的影響；另一組受試者則做一些分心的任務。

結果發現，比起做分心任務的一組，被分到思考這些負面事件的受試者更消極地評價這些負面事件，而且帶有更多負面情緒和不滿。

換句話說，如果想要盡快走出負面情緒，最好的辦法是讓自己忙碌起來。當我們忙碌起來，對這些負面事件的思考就會暫時停下來。

每當感受到太多負面情緒，我們可以透過跑步、工作或旅遊來分散注意力，減少不愉快。隨著時間推移，這些負面事件的記憶在大腦中被抑制，對我們的影響就不那麼大了。

• 情緒擺盪惹的禍

前面大致從大腦神經層面分析了負面情緒產生的原因。而社會因素對負面情緒的產生又有哪些影響呢？

爭取更多注意力

每個人都渴望得到別人注意。還是個孩子、被抱在母親懷裡的時候，看得最多的是母親的眼睛，那會讓我們感覺到愛意；一旦覺得母親不再看著自己，也會透過哇哇大哭的方式來吸引她。這是表現欲的早期表現。

長大些以後，我們仍透過各種自我表現吸引更多注意力，這也是原始本能，就像能夠吸引父母注意力的雛鳥更可能得到食物（照顧）一樣，我們也能以此獲得想要的資源。

比如有些人爭吵時會提高音量，有些人則表現出柔弱和失落。關於後者，有人更是生動地總結出了這麼一句話：「小時候摔跤，總要看看周圍有沒有人；有就哭，沒有就爬起來。」在別人面前表現出失落，很大一個原因是需要得到注意，希望得到關懷。我們會在社群頁面上看到「我失戀了」這樣的字眼。它的潛臺詞是：「我好慘啊，快來安慰我吧。」從這個層面上看，負面情緒的表達能為我們爭取更多注意力和資源。

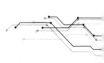

平均值的回歸

從另一個層面上看，負面情緒的產生是平均值的回歸。認知學家丁峻在著作《思維進化論》一書中提到了「心潮」這個概念，認為我們的情緒也存在像潮水一樣潮起潮落的現象，有高峰、有低谷。

關於情緒的研究也有一個心理斜坡理論。當外界因素對心理產生刺激時，心理狀態便會呈現出多層次或兩極分化的特點，也就是鐘擺式的兩極搖晃。

有時候，參加完聚會回家時會感到失落也含有這個原因。我們常說「樂極生悲」，其本質是過度的正面情緒增加了「心理擺」擺動的幅度，在回歸平均值時，產生了較大的情感落差，這時候很容易產生負面情緒。如果想要減少這種負面情緒的發生，就不要毫無節制地尋求刺激和愉悅感。

除了以上兩個原因，我們之所以會產生負面情緒、並且願意沉浸其中的另一個原因則是享樂逆轉。麻辣並不是一種味覺，而是痛覺，但是很多人卻很享受這種低程度的灼傷感。賓夕法尼亞大學的心理學家保羅・羅津（Paul Rozin）對此提出了「享樂逆轉」理論，認為人可以透過可接受程度的受虐得到快感，比如一些人很喜歡高空彈跳運動，所以也有人喜歡沉浸於負面情緒中，不過這種一般較為可控。

• 與內心談判——接納自己的不完美

做錯事了，別人可能會責怪我們，我們也會責備自己：怪自己不夠好、不夠聰明。當我們對自己要求非常嚴格而且達不到時，自責尤為嚴重，而這種苛刻會損害正面的自我評價。

實際上，自責對我們的負面作用不止於此，對自控力也有非常大的影響。美國紐約州立大學和匹茲堡大學的心理學家曾經展開過一項關於「自我批評」與自控力關係的研究。他們找了一百四十四名不同年齡區間的飲酒者。研究者給受試者每個人一臺電腦，讓他們每天早上記錄自己的飲酒情況，匯報在此前一天他們飲酒後的感受。

研究發現，他們對自己飲酒的描述基本上是頭疼、噁心和疲倦。但是他們的痛苦不僅源於過度飲酒，部分人還會感到罪惡感和深深的自責。當受試者因前一晚飲酒過度而產生自責，更可能在當天晚上和以後喝更多酒。他們還在另一個實驗中發現，能夠與自己達成自我諒解的人，在自我行為控制上表現得更好。

我們經常用自責來表達對自己的不滿，這時候就會產生壓力，而壓力會大量消耗能量，進而讓自己失控。如果想要走出這種負面情緒的循環，需要做的是自我接納——能夠接受自己好的一面，也能接受自己的不足。

傳統看法是自責能發現自己的缺失，減少再犯錯的風險。但是研究表明，實際情況與直覺相悖，增加責任感的不是罪惡感，而是自我接納。在個人挫折面前，持自我接納態度的人比持自我批評態度的人更願意承擔責任；他們也更願意接受別人的回饋和建議，更可能從這種經歷中有所收穫。

自我接納是對自我能力的準確評估。就像知道自己不可能攀登珠穆朗瑪峰一樣，不會自責自己無能為力，而是告訴自己「還可以爬別的山」。看到自己的能力有限，也能夠看到與自己能力匹配的環境。能夠準確評估自己的能力與環境的關係，很大程度上能避免負面情緒產生。

自我接納是一種成長心態，更能坦然接受失落。史丹佛大學心理學家卡羅・德威克（Carol Dweck）研究人們面對失敗產生的態度時，發現了兩種不同的心態——固定心態和成長心態。抱有固定心態的人對錯誤容忍度非常低，他們會將每一次表現看作是定論性判斷，決定了個人形象；一旦遇到失敗，就會陷入深深的不滿，給自己製造很多不必要的壓力。而抱有成長心態的人對自己失敗的容忍度比較高，能看到當前自己的不足；即使失敗也會接受自己，他們相信能力會透過努力並隨著時間提升。

所以，如果不想讓自己深陷負面情緒和自責中，想讓自己成長得更快一些，就需要接受經常性的失敗。不能因為失敗了就覺得自己沒有了形象，甚至得出自己註定是失敗者這樣的結論。

相反，我們應該接受自己的不足。

再強調一次：如果想要讓自己更美好，接納自己是第一步。

●被低估的心理暗示

人們為了追求成功和逃避痛苦，會不自覺地使用各種自我暗示。比如困難臨頭時，人們會安慰自己「快過去了、快過去了」以減少忍耐的痛苦。也有人開玩笑說，災難來臨的時候，每個人都是有神論者，因為心裡都在默念「上帝保佑」。

人們追求成功時，經常想像成功之後的美好場景。這個場景的創造，對人構成自我暗示，為我們提供動力，提高挫折耐受力，保持積極向上的精神狀態。

很多心理學研究也證明了心理暗示對人的影響。我們可以如何利用它保持較好的心情呢？

心理暗示分為正面心理暗示和負面心理暗示。使用過程中，應該盡量避開負面的，適當給自己正面的。比如，有人第一次上臺演講，同時一直在心裡默念「不要緊張、不要緊張」，這種暗示看似正面，實際上也屬於負面的暗示，本質上在強調我們的不足；如果想要給自己正面的暗示，則要更強調正面的詞彙，如「我很鎮定」。

當然，暗示也分為自我暗示和他人暗示。行為很容易受到別人舉止的影響，腦成像實驗發現，當我們經歷某種情緒或看到別人的情緒，腦中的鏡像神經元會被啟動。換句話說，在某種情緒環境下，觀察者和被觀察者會經歷同樣的神經生理反應。而鏡像神經元是學習行為的基礎之一，讓我們不自覺地模仿。

這也是為什麼有人強調要遠離充滿負能量的人，因為他們的情緒和行為會帶來負面的心理暗示，增加我們的負面情緒。同樣，接近那些樂觀向上的人，我們也能夠感受到他人的好心情，從而獲得積極心理暗示。

總之，人非常容易受到外界的各種資訊影響。心理暗示是一種強而有力的心理調節技巧，能短期內改變一個人的生活態度和心理預期，增加個人的心理承受能力。善用這個小技巧，就可以在一定程度上減少生活中的部分焦慮和不開心。

•減少競爭焦慮

佛洛伊德認為：「人的一切痛苦，本質上都是對自己無能的憤怒。」雖然這句話不能全面解釋負面情緒的來源，但是當困難浮現時，「無能為力」確實會讓我們感到失落。

我們很多時候的失落和心累，是因為面對想要爭取的東西時，發現能力很有限。當辛苦備戰幾個月的作品在初賽就被刷下，或是看到喜歡的東西卻得不到，都會感到失落。

時代在變，社會也不再那麼野蠻，但是資源的有限性決定本質上的部分規則──物競天擇，適者生存。我們依然處於一個充滿競爭和比較的社會，競爭和比較都會讓我們感到壓力。

可能有人覺得自己不需要競爭也能活得很好。可是即使對物質要求非常低，不想過分參與殘酷的社會競爭，我們仍需要工作才能爭取到自己所需的基本生活資源。相反，大多數情況下，如果想要讓自己活得很輕鬆，反而需要付出更多努力。而努力就需要付出，付出卻不一定帶來回報，也可能因此陷入焦慮之中。我們該如何減少這樣的社會壓力？

心理學家祖克曼（Zuckerman）和約斯特（Jost）經實驗證明，人會覺得朋友的成功比陌生人的成功更具威脅。可能很多人都有這樣的疑惑：當身邊的朋友表現得比自己好，我們或多或少會有些嫉妒。當表現得好的人不是身邊的那些人時，我們更會表現為無感或羨慕。

為什麼會出現這種現象？事實上，這就是進化的另一種遺留問題。與我們生活在同一個群落裡的人，如果比我們更強大，就會在群體中占用更多資源，讓我們感到被剝奪，也有了威脅感。所以，大多數時候，我們都不喜歡離自己最近那群比自己優秀的人。

但是，想讓自己進步得更多，就要從心態上接納那些比我們優秀的人。因為目光長遠和不被這種「進化遺留」影響的人明白，自己的競爭對手是更遠方的人。一個群體的進步會讓自己進步得更多。如果總是把目光放在身邊的人身上，進步空間會小很多。

同儕之間的競爭是最大的壓力來源之一，但是過強的競爭意識只會讓自己產生更多壓力，甚至感到痛苦。

當心中出現了對身邊優秀者的嫉妒時，一定要提醒自己，那只是進化的遺留，他們的優秀已經不再像原始社會那般，基本上不會影響到生存，反而可以激勵自己變得更優秀。

Part III

反本能之社會洞見

——看穿看不清的，說出想說的

我們每天都要面臨很多決策，但是精力有限，不可能控管到每一個決策。面臨較為重要的決策時，我們需要打起十二分精神，尤其面對一些存在明顯誘導性的情況，更要多加防範。

生活在資訊爆炸時代，知識增長卻慢得多，以至於有效學習的篩選成本增加。隨著資訊的冗餘度增加，深度思考的負擔也愈來愈重。有些人甚至因為長期接觸別人完全推理後的知識，缺乏思考練習，導致辨別能力下降，只會進行泛泛的閱讀。感覺自己好像了解這方面的知識，但是需要將其整理成文字或用言語發表時，卻發現無從下手。久而久之，我們會喪失將知識加以延伸和推理的能力。就像長大的孩子一直吃著不用咀嚼的食物，會造成牙齒退化，不利於未來成長和獨立。

有個大學生主修滿意度的調查報告，發現超過一半的大學生對主修科系不是很滿意。有些高中生在進入大學之前，因為不夠了解大學科系，聽從別人的建議選了某科系，但是進入大學後，發現這似乎不是自己喜歡的。生活中也有人透過各種行銷方式，讓我們買了很多不需要的東西。更尷尬的是，回憶起為什麼會買時竟然找不到理由，只知道當時糊里糊塗、覺得對方好有道理而已。

怎樣才能讓自己在重大決策上少受別人的干擾，並減少失誤呢？

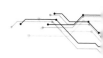

1 決策圈套

在這個產能過剩的社會，無數商家都鼓吹「自己開心就好」，擠破頭地希望我們多花點錢，買下根本不需要的商品。在這個資訊超載的時代，我們面臨的選擇愈來愈多，裡面可能充滿陷阱。當中干擾我們思維和決策的因素有哪些呢？

•控制感陷阱

擁有控制感的好處非常多。除了能增加幸福感，減少攻擊性，還能提升自我效能感。如果對一件事情有控制感，我們會更願意為之投入精力和金錢。但是，它在另一方面卻成為行銷方式的重要手段。如果不能夠適當規避，就會深陷其中。

心理學家瓦特（Watt）和華生（Watson）等人做過一個實驗：觀察受試者在不同條件

下購買的刮刮樂消費金額，結果發現：如果是用機器搖骰子選出來的「刮刮樂」，人們願意為這個刮刮樂支付兩美元；而自己搖骰子選擇時，人們平均願意多花七美元再買幾張。

之所以會出現這種情況，是因為我們認為自己投擲骰子更可能中獎。但實際上，中獎機率依然是隨機的。但是控制感能夠增加自我效能，獲得更多自信。現實生活中，很多廣告和場所正是利用控制感，讓我們產生「無緣無故」的自信，深陷其中。比如一些賭博場所，為了讓客人玩得更久，往往是讓他們自行操作，同時會在賭博場所放置非常多接近裸體的模特兒照片，將場所布置得異常華麗。這些都能增加我們的控制感。

如果仔細觀察，你就會發現很多電視劇都喜歡在令人感到驚悚的片段打住，插播名車和名錶廣告。有人可能以為，這樣不是會讓別人產生厭惡關聯嗎？人們會因為不喜歡驚悚的片段而不喜歡那些廣告吧？但是相反地，觀看令人感到驚悚的片段之後，突然打住會讓我們鬆一口氣，產生「心理勢差」，覺得是這些名車和名錶廣告為我們緩解了焦慮，進而更喜歡這些名車和名錶。

控制感能夠帶來喜悅。我們喜歡玩遊戲，也是因為遊戲讓我們更有控制感。比起複雜多變的現實世界，網路遊戲顯得簡單許多。只要輕輕按幾下鍵盤或滑鼠，就能夠放出大絕招，想讓遊戲人物怎麼做就怎麼做。

控制感能帶來更多信心，促進進步，但是也容易讓我們做出錯誤決定。當感覺周圍環境都在控制之中，產生過多的信心會讓人鬆懈，這時候更容易被說服，更容易大意，也更容易犯錯。

當我們感覺「一切都在掌握之中」時，就要注意是不是有人在玩弄「控制感陷阱」。

•故事的祕密——畫面與臨場感

我看過一則旅遊應用程式的廣告，裡面有一段話：「你做PPT時，阿拉斯加的鱈魚正躍出水面；你看報表時，梅里雪山的金絲猴剛好爬上樹尖；你擠進地鐵時，西藏的山鷹一直盤旋雲端；你在會議中吵架時，尼泊爾的背包客一起端起酒杯坐在火堆旁。有一些穿高跟鞋走不到的路，有一些噴著香水聞不到的空氣，有一些在辦公室裡永遠遇不見的人。」

這段廣告詞並沒有直接說出旅遊能夠擴展視野，讓生活更有趣，而是透過各種形象化的方式，將各地美景鮮活地呈現在面前，讓我們感受到強烈的視覺衝擊。這麼做到底能不能更好地達到說服的目的呢？答案是，至少比單純的文字描述更有用。

哈佛認知神經科學家史蒂芬‧柯斯林（Stephen Kosslyn）曾經做過一項腦成像實驗，觀察閱讀者閉上眼睛後，腦海裡想像不同字母時大腦啟動區域的變化。

他們發現，想像大寫字母時，腦補視覺皮質區域的某些部分被啟動了；想像小寫字母，被啟動的則是視覺皮質區域中的某一部分。也就是說，即使是文字的回憶，也會啟動我們的視覺皮質系統。

文字的本質對大腦來說，很大程度上還是屬於圖像類型，只不過它們需要轉化，比如大腦前額皮質來參與理解。

比起發展了幾千年的大腦文字閱讀系統，人類大腦的視覺感受系統發展了更長的時間，其適應性也更高一些。即使是文字的出現，也是從視覺化的圖像和象形文字開始，而不是極為抽象化的文字。人們更喜歡視覺化的文字，這可以大大加深理解程度，對決策也有極大的影響。

能夠直接視覺化的描述能理解得更輕鬆，如果能夠讓觀點像「一幅畫出現在眼前」，我們更容易說服對方。這種現象可以解釋為什麼《蘇菲的世界》銷量遠遠超過拿到諾貝爾獎的《西方哲學史》。畢竟，比起乾癟枯燥但是能真實反映問題的理論，人們就是喜歡能夠像日常生活裡的畫面一樣呈現在眼前的描述。

心理學家做過這麼一個實驗。他們召集了兩組病人做為受試者，並告訴他們某種新型的癌症診療手段。告訴第一組人：這種治療手段治癒率為九十%，並且說了一個負面的傳聞逸事（比如老王用了這個方法後死了）；接著告訴第二組人：這種治療手段治癒率為三十%，並且說了一個正面的傳聞逸事（比如老王用了這個方法後治好了）。結果發現，得知治癒率九十%的第一組，有三十九%表示願意嘗試；而得知治癒率三十%的第二組，卻有多達七十八%的人願意嘗試。也就是說，人們更容易受到「傳聞逸事」的影響，而不是「資料」的影響。

很多廣告也是用這種方式來說服我們的。如果我告訴你有一個理財產品年收益負七十%，也就是投入一百元、損失七十元，你會購買嗎？我想不會，但是我們會去買彩券，而彩券也是屬於年收益負七十%的理財產品。他們的宣傳策略就是告訴大家「隔壁老王中了五百萬」，這可就生動多了，進而達到行銷目的。

除此之外，很多廣告詞也是透過這種方式來影響我們。廣告不是簡單地說「很多人使用我們的產品」，而是告訴我們「連起來可繞地球三圈」；不是告訴我們「牛奶純天然」，而是說「乳牛在蒙古大草原每天晒超過十小時的太陽」。

在網路上比較了好幾十條項目，得出某牌手機更好用的結論時，朋友說：「我用這個品牌的手機，修了好幾次。」這時，我們就容易受到視覺化效應的干擾。

但是，請相信資料和參數的比較。視覺化能夠讓我們更好地理解事物，但是如果要做重要決策，還是需要依賴資料和理論模型。

• 眼花撩亂，決策癱瘓

曾經有朋友抱怨為什麼交不到女朋友，我的回答是「選擇太多」。網路時代讓我們有機會接觸到更大的世界、更多的人，同時提供了超載的訊息。面臨更多選擇時，我們往往處於觀望之中，便錯過了機會。

心理學家艾因嘉（Sheena Iyengar）曾經做過一個現場實驗。受試者免費品嘗了六種或二十四種果醬，試吃之後可以選擇是否購買。結果發現有六十%的人停留在二十四種果醬選擇的展示檯前，但是只有三%的人選擇購買；四十%的人停留在六種果醬選擇的展示檯前，但是有三十%的人選擇購買。

隨後，在更嚴謹的實驗中發現，從二十四種果醬中做出選擇後，人們對選擇結果的滿意度比從六種選擇中做出決定的人更低。也就是說，更多選擇會帶來超載資訊，也帶來更多反悔的可能。

之後的其他實驗中，證明了對於無法反悔的選擇（比如最後三天的大拍賣），人們的滿意度比可以反悔的更高。這在一定程度上解釋了為什麼近年離婚率愈來愈高。調查資料顯示，過去人們對無法反悔的婚姻表示了更高的滿意度，而當下對戀愛和婚姻的滿意度更低一些。

超載的資訊不僅讓人猶豫不決，形成更多後悔的感覺，也讓我們做出錯誤選擇。就好像期末考選擇題出現四個選項和十個選項，無法十分確定時，會增加選擇難度。

美國德州大學的研究人員以超載資訊對決策產生的影響做過一個實驗。實驗中，他們要求兩組受試者完成相同的二百五十道測試題，其中一組在測試之前就知道到考試題目的數量和選項，另一組則什麼都不知道。測試結束後，沒被告知任何資訊的一組成績明顯優於另一組。

也就是說，決策依賴資訊，但不代表資訊愈多，愈有利於做出正確選擇。過多資訊反而會成為決策的負擔，讓人做出錯誤選擇。

為什麼會出現這種現象呢？事實上，因為資訊增加不代表有效資訊增加，當訊息量超載，從中篩選出有效資訊的成本就會增加。而且，真正需要的核心資訊更容易被超載的訊

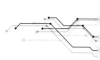

息所遮蔽。許多沒用的資訊反而可能被當作決策依據，導致我們做出錯誤決策。

面臨大量資訊時，我們需要多次篩選資訊，或讓多人同步篩選後進行比較整合。這樣才能有效剔除無用資訊，甄別出最重要的訊息，減少決策失誤。

• 難以「獨善其身」的群體壓力

群體壓力是常見的決策干擾因素。可能有些人認為自己不怎麼受群體壓力影響，但是群體壓力則無所不在，基本上沒有人能避免。甚至包括鼓掌時從混亂到整齊劃一，本質上也是群體壓力所致。

群體壓力的威力到底有多大？

心理學家所羅門・阿希（Solomon E. Asch）曾經做過一個關於群體壓力的實驗。他隨機選擇了一些大學生做為受試者，為了避免刻意化的干擾，阿希告訴他們實驗目的是為了研究人的視覺。

在這之前，阿希讓五個實驗人員假裝是受試者坐在前五個位置，真正的受試者只能坐在最後的位置。但是真正的受試者並不知道那些人是假的。阿希要大家做一個非常容易的判斷——比較線段的長度。

他拿出一張畫有一條分隔線的卡片，讓大家比較這條線和另一張卡片上的三條線哪一條等長。每名志願者要進行十八次判斷。

事實上，這些線條的長短差異很明顯，正常人很容易做出正確判斷。但是，兩次正確判斷後，五名假受試者開始故意說出同一個錯誤回答，結果發現，受試者都出現了不同程度的從眾行為。只有二十五％的人沒有從眾行為，其餘都做出現了一到兩次的從眾。

這個實驗證明，即使是很明顯的答案，當大家都回答錯誤答案時，我們還是會有所動搖，會迫於壓力放棄原來的想法，甚至做出違心的選擇。

巴塞爾大學的瓦西里・克魯查列夫（Vasily Klucharev）和同事們透過對受試者加以刺激，讓他們的行為與群體一致。實驗者用fMRI（功能性磁振造影）觀察發現，當受試者產生從眾行為時，大腦中的伏隔核與控制行為的後額葉皮層（posterior medial frontal cortex）被啟動了。但當他們用一種TMS（transcranial magnetic stimulation）技術，暫時阻斷志願者的大腦皮層時，他們便不再調整自身行為來服從群體行為。換言之，阻斷大腦特定區域活動，可使受試者暫時不受來自社會的影響，便無法產生從眾心理。

人們據此得出的結論是，潛意識認為從眾能夠帶來正向回饋，有人認為這種回饋是歸屬感。因為從眾帶來被群體認可的心理預期，並啟動「愉悅迴路」。除此之外，從眾對我們來說也有很大的積極意義。就像大草原裡跑出一隻獅子，跟著羊群跑的羊更可能活下來，繼續吃草的羊或落單的羊則難免被吃掉。不跟著羊群跑的羊久而久之都會被淘汰，而剩下來的基本上都會跟著。

即使已經走過了殘酷的原始社會，這個社會愈來愈需要獨立思考，但是我們身上還是存有非常明顯的從眾傾向。該如何減少從眾心理的影響呢？想要減少群體壓力的影響，要先知道什麼情況下的群體壓力影響大。

影響從眾的因素主要有群體的凝聚力、群體規模、個體獨立性和情景模糊度。當群體的凝聚力很強時，我們對群體的信任就更多；當群體規模愈大，不順從的壓力就更大；獨立性愈強，對壓力的適應能力就愈強；而情景愈模糊，我們愈容易從眾。

如果想要減少從眾行為，就要從導致從眾行為的要素去分析。注意大家是否出奇地一致；也要騰出獨處時間去思考，減少他人在場的干擾；還要盡可能弄清楚自己的決策環境，避免模糊性造成的從眾。

‧縮限視野的「白色猴子」

看過一篇報導，對話如下——布希說：「我們準備幹掉四百萬伊拉克人和一個修單車的。」CNN記者：「一個修單車的？為什麼要殺死一個修單車的？」布希轉身拍拍國務卿鮑爾的肩膀：「看吧，我就說沒有人會關心那四百萬伊拉克人。」

這就是心理學上的隧道效應。我們往往關注同類記憶材料中突兀的部分，也有人稱之為萊斯托夫效應。比如，在記憶世界地圖時，記得最清楚的可能是義大利是一隻靴子，法國是個六角形，俄羅斯面積最大等最有特點的國家。

這種效應會如何干擾思維呢？

不管是誰，演講時如果看到臺下的人都認真聽講，肯定非常高興。但是，如果突然看到有一個人在打瞌睡，可能就會將所有的心思都放在打瞌睡的人身上，進而產生這樣的疑惑：我講得不好嗎？

實際上，這和演講得好不好沒有太大關係，而是我們忽略了九十九％的人，將注意力放在最特別的人身上，因而產生錯覺。這也是很多人不敢上臺演講的原因，因為他們多將眼光放在特例上，給自己太多壓力。我也曾經遇過類似的情況。為了寫一篇文章，查了幾天文獻，終於完成並分享到網路上；大多數評論都是支持和鼓勵，有時也會突然出現一句「版主辛苦了，都是沒有的理論」，還好自己知道「隧道視野」，所以基本不會受這種不具建設性的言論所影響。

也有一些為了吸引眼球的媒體用此來誇大事件，吸引我們的注意力。比如說出一起交通事故，媒體喜歡貼上「女性駕駛」的標籤，將這些事故特殊化，造成我們的認知錯誤。將事故和這些標籤聯繫，對她們形成刻板印象。正因為這樣的聯繫和特殊化，讓人們認為女性駕駛的事故率更高、更普遍。但是實際上，男性駕駛的交通事故發生率更高。中國江蘇省公安廳交警總隊發布二〇一六年交通事故報告顯示，全年共有兩千一百多萬汽車駕駛人，男女比例七：三。造成人員傷亡的事故中，女性駕駛不到十％；造成死亡的案件中，女性駕駛只占六・二％。

而其他多個省分的交通情況調查報告也顯示，女性駕駛的交通事故案件均遠少於男性駕駛。

總之，隧道效應會讓我們產生更多錯誤判斷。就像一百隻猴子中有九十九隻普通的猴子，只有一隻白色的猴子，我們會不自覺將視線集中在那隻與眾不同的白猴身上，思維也就因此被大大限制住，看不到全域。

當我們在思考問題時，需要多加留意問題的限定，尤其是媒體報導的對象界定。這樣才能夠保證獨立思考。

2 自我設限

除了社會施加的錯誤思維方式，有時候不用社會「帶風向」，我們本身也容易走進錯誤的思維方式裡，會導致無法客觀看待問題。我們本身存在哪些明顯的錯誤思考方式呢？

．比他人優秀的潛意識偏心

戴夫．巴里（Dave Barry）曾經說過：「無論人的差距有多大，有一點是相似的，就是打從心裡認為自己比普通人強。」這種自認為比普通人強的現象，稱為自我服務偏差。

大腦加工和自我有關的資訊時，經常出現與事實差距較大的偏差現象。很多情況下會認為自己做得比別人好。心理學上曾經做過很多關於「自我服務偏差」的實驗。發現了很多有趣現象。

大多數生意人都認為自己比一般生意人更有道德。在一份百分制的道德評分卷上，有超過五十%的人給自己打了九十分以上的成績，只有十一%的給分七十四分以下；在澳洲，八十六%的人對自己工作業績的評價高於平均水準，只有一%的人給自己的評價低於平均水準。

一項美國高考委員會對八十二萬九千名高年級學生的調查中，沒有人在「與人相處能力」這一項上給自己的評分低於平均值，而且其中有六十%學生對自己的評價是前十%，另外有二十五%的人則認為自己是最優秀的一%。

之所以會出現自我服務偏差，很重要原因之一是人都有維護和提高自尊的需要，所以會傾向於美化自己。而當別人表現較好時，為了避免「被比下去」的落差，經常將別人的成功歸因於環境。心理學家鄧寧（Dunning）等人也在實驗中發現，自尊剛受到打擊的人（例如考試成績很差），更容易去指責別人。

自我服務偏差延伸出來的另一個問題是虛假普遍性——我們會高估或低估別人與自己有相同的思考和行事：喜歡某一種事物時，認為別人也會喜歡它；當我們不喜歡某一事物，認為別人也討厭它。或是認為自己優秀、體貼，追求心儀的人時，認為對方應該也會喜歡我們，但這很可能只是一廂情願。

總之，美化自己可以帶來更多信心，但是過於自信會讓自己的思維閉塞，從而無法準確評估自己的能力，這也不可避免地會讓帶有自我服務偏差的人產生更多落差，而且會將自己的失意歸因於社會環境。

這可以很好地解釋為什麼社會上有很多人認為自己與眾不同，當面試被刷下來，就自認懷才不遇；追求被拒時，認為對方沒有眼光；碌碌無為時，認為是社會不公。但實際上呢？這個社會並沒有那麼多「懷才不遇」的人，這只是自我服務偏差而已，是對自己的美化。

在自我審視上，蘇格拉底在兩千年前就留下了「know yourself」的呼籲。從某種程度上，認識「自我」比認識客觀現實更為困難。我們最接近自己，但並沒有因為這點而對自己了解得更深。

如果一輩子都不能準確看清自己在社會上的位置，就不可能把握自己的能力水準，難免「被埋沒」。相反地，如果能夠看清楚自己，自我成長的問題也就已經解決了一半。

• 專業錯覺

我在前面的章節，大致提到我們的思維和注意力會因為所知道的知識而產生選擇性關注。如果一個人長期處於一個領域之中，思維就很容易受到這個領域的影響。正如馬克・吐溫（Mark Twain）所說：「當一個人手裡拿著錘子，他再聰敏，眼裡也會充滿釘子。」

當一個人浸淫在特定領域過久，會習慣性地從自己專業的角度去解決問題。正如古希臘大數學家畢達哥拉斯（Pythagoras）因為憑藉數學解決了許多問題，乃至提出「數學可以解決一切問題」的豪言。生活中這種專業偏差的情況更是層出不窮。比如說下面這個笑話就是因為國文老師長期被訓練去發現作者的所有提示，如象徵和隱喻等手法，導致對普通事物的過度解讀。

魯迅寫下：哈哈。

國文老師：好！實在太好了！第一個「哈」字，表達了作者對當時黑暗社會的苦笑與無奈，第二個「哈」字，筆鋒一轉，作者意圖傳遞一種積極樂觀的情緒給讀者，警惕國民，必須清醒，衝破舊制度的枷鎖。而句末的句號，則運用得出神入化。句號表示結束，作者用簡單一個句號，便充分強烈地表達出要結束舊制度的想法。

將自己的專業知識移到生活上的各方面是非常糟糕的情況。當自己所思考的角度都是從自身的專業出發時，也會讓思維明顯受限。

顧問公司對那些營運出現問題的公司進行調查與研究，發現一間公司最容易出問題的人，往往是那些具有某項特長、但是缺乏其他方面知識的專才。這就好比一個程式設計師，如果缺乏市場行銷知識，他在編寫代碼的時候就會往簡潔性和利用率的角度考慮問題，而不是市場需求。

這也是將才和帥才的區別。將才更常考慮的是單次戰役的勝負，而帥才考慮的是戰略的成敗。前者思考的出發點往往限於局部，無法看到更為廣闊的格局。

我們需要涉獵廣泛的書籍，不應侷限於自己的領域，才能讓思維盡可能跳出自己熟悉的領域去思考。如果自己接觸的知識多是理性推導，可以多接觸一些文學類、情感類的書籍；相反地，如果自己過於感性，就多吸收一些不帶情緒偏向的知識。只有跳出自己的專業思維傾向，才能提高看待問題的高度，也才能看到更多層面的問題。

• 為反對而反對：信念固著

「為了反對而反對！」這種現象在生活中很常見。即使將所有證據都呈現在對方面前，證明可能存在的問題，他仍會堅持自己的立場，甚至為了自圓其說，說那些證據都是捏造的。

為什麼會出現這種現象？

這種現象被稱為「信念固著」。「信念固著」指的是，人們一旦對某種事物建立起信念，尤其是為其建立起一套理論支持系統，他們對這件事的看法就很難改變，即使擺在眼前的是相反的資訊也會視而不見。

心理學家羅斯（Ross）和安德森（Anderson）等人做了一個相關實驗。他們先給受試者灌輸一個錯誤的資訊，接著試圖讓受試者否定這個資訊。但是實驗後發現，錯誤的資訊一旦讓人找到看似有關聯的根據，就很難除去他們對這條錯誤資訊的信任感。

這也造成了一個極端。在處事過程中，人們可能曾經受益於某種方式。當人們打算再用這種方式行事，而別人告訴他們這種方式有問題時，他們往往會對這條資訊置若罔聞。

比如說，我對年長一輩的人解釋：「中國之所以會有鬧婚這個習俗，是因為以前人們對性方面的知識接觸得比較少，為了激起男女雙方的性欲，才要給男方灌酒，與女方發生一些肢體接觸，主要是想減少新人之間的尷尬。現在資訊暢通，社會包容度也高，鬧婚這種習俗該被淘汰了。」

而老一輩的人往往會說一句：「祖宗留下來的規矩照做就是，要不然不吉利怎麼辦？」可想而知，這種現象對看待事物的方式有非常負面的影響。接觸與舊事物相矛盾的新事物時，我們會傾向於保護舊事物。因為曾經受益於此，而成為支持它的證據，進而排斥新事物。這種閉目塞聽的心理就成為進步的障礙。

怎樣才能減少這種「信念固著」的影響？那就是，置換思考場景。

心理學家羅德（Lord）等人透過實驗證明，當受試者被要求用與自己堅持觀點相反的角度去看待問題時，他們就不再像剛開始那樣固執了。事實上，思考各種可能的結果，會讓我們仔細思考各種不同的可能性。

這種方法同樣適用於消除各種偏見。設問自己為何產生這種偏見，是接觸過相關資訊還是相關事物？如果自己是「被偏見」的對象，有什麼特質？有什麼感受？透過置換自己的思考場景，可以更清晰地知道想法來源並減少資訊閉塞。

想要讓自己廣泛接受新觀點，可以思考別人為什麼會有這種想法，一來是能夠感受對方觀點的可能性，二來是發現對方觀點的侷限範圍。這樣就能減少思考過程的盲區，讓想法更為客觀實際。

•金字塔塔尖之外——成功者背後的無數失敗者

大學時，我和幾個朋友參加了一個創業大賽。比賽大概有一百三十多支隊伍參加，當時感覺壓力蠻大的，不過後來經過努力，我們和另一個隊伍並列奪得一等獎。他們是因為營業額最多獲獎，我們是因為策劃、執行和答辯加分多而拿獎。但是從那以後，我明白了一個道理：能夠看到和聽到的大多經過篩選。參加比賽的有一百三十支隊伍，能夠在演講室答辯的只有十隊，能夠登上學校報刊版面的卻只有兩隊。

這樣的經歷也能推及整個社會。我們所能聽到的、看到的結果大都已經過篩選。比如這幾年中國大陸的創業熱，因為國家鼓勵「大眾創業，萬眾創新」的「雙創」，加上媒體配合，人們比以往更頻繁地接收到與創業相關的資訊，尤其是成功例子的報導。

事實上，那些能夠被人們接收到的「成功創業者」資訊，同樣也經過篩選。每個行業都有成千上萬的創業者湧入，被報導的就那幾個，但是這種報導給人的直覺感受就是「成功好像很簡單」。

真實的情況很殘酷：創業公司三年後還能正常營業的只有一%，再過三年還在的只剩○・二%。可是很多人沒有看到這個篩選過程，只看媒體報導，以為成功很容易。這就是社會學上的「倖存者偏差」現象——只能看到經過某種篩選而產生的結果，沒有意識到篩選過程，因此忽略被篩選的資料和資訊。

如果經常看到成功的故事和成功人物，會覺得「成功貌似離我們不遠」，可是這已大大誤導我們的判斷。我身邊有很多辭職與朋友創業的同事，當然，一些已經回來了。

以前翻書的時候，看過這麼一個騙術。有一個道士自稱能做求「生男孩」的法術，如果生的不是男孩就退錢。一開始人們將信將疑，但是隨著時間的推移，他的「生意」愈做愈大。為什麼他的騙局能夠持續那麼久，而且讓愈來愈多的人相信？實際上，這就是「倖存者偏差」現象。我們知道，生男生女在機率上是相近的。生女孩時，他就將錢退給對方，對方不會有所反彈，而生男孩的人家則會不斷吹捧這個道士。人們聽到的資訊大多是被認可的人篩選過了，所以產生「這個道士的藥很靈」的錯覺。

前些時候我也看到一個類似這種騙局的翻版——研究所保證考取，沒考上就退款。這種培訓機構收取高於其他類似機構二十倍的費用，但是教學內容與其他機構大同小異，用的也是這個原理。

如果想要避免「倖存者偏差」這種思維，避免更多陷阱，則需要逆推所得知的資訊，發現篩選的過程。例如有人說：「讀書沒用，很多大學生都找不到工作，我二伯父、三姨媽沒讀書，賺的都比大學生多。」聽到的時候就要反問自己：這是透過什麼篩選過程得出結論的？

這其實可以運用「貝氏定理」來解釋。同樣的事件，在不同條件下求出的機率不同。很明顯，我們知道他得出「讀書無用」結論的篩選過程是「身邊沒讀書的人賺很多錢」，而不是「這個社會沒讀書的人賺的都比大學生多」。

透過尋找對方結論的「篩選過程」，能找到對方的邏輯漏洞，也能避免讓自己陷入這種思維陷阱。當然，要想弄清楚事物的真實情況，最好的辦法還是有一份「詳細的問題資料記錄」。

● 要不回來的成本——堅持還是放棄，這是個問題

假如你打算週末看場電影放鬆一下，興高采烈地買了一張電影票，進場後卻發現這

是一部爛片。這時你可能是這麼考慮的：走了好浪費，畢竟票都買了；不走又覺得好爛啊……

我們經常遇到這種兩難的抉擇，如果在某個選擇上已投入成本，需要進行調整時，會傾向於保持原來的方式，因為捨不得對其投入的成本。但是某些曾經投入的成本不會因為繼續投入就變少，不斷投入反而會讓我們損失更多。

心理學家哈爾・阿克薩（Hal R. Arkes）和凱薩琳・布魯（Catherine Blumer）曾經用一個實驗證明，過去的投入會影響決策思維和選擇。在實驗中，研究人員將受試者分成兩組，並為受試者設定了以下場景：假設自己是某公司的最高管理層，決定用一千萬美元開發一個計畫，已經花費七百萬美元，完成到七十％時，發現對手公司已經提前研發成功，產品的各項指標都比自己的強，也就是說，即使自己的產品研發成功，也很難有市場。

他們對其中一組提問：做為決策者，是否會把剩餘的三百萬美元研發資金用於該計畫？統計後發現，八十五％的受試者選擇完成該項目。

而在另一組受試者中，研究人員在測試過程中，不提及需要的總資金和已經投入的資金，只是告訴他們「想要完成專案還要投入三百萬美元的研發資金」。結果，只有十七％的受試者支持在該項目上繼續投資。

這兩個對比實驗比較出來的結論是，當我們知道對某事物已經投入了很大成本時，就更難捨棄。而如果不知道已經投入的成本有多少，繼續投入其中的意願就弱了許多。實驗證明無論「沉沒成本」有多少，只要人們付出了，就會有想「回本」的心理，並且會付諸行動。這也是很多人在賭場中輸個精光的原因，輸了一點的時候，他們心想再玩一局大一點的，贏了就能「回本」了，就這樣一步步深陷其中。

沉沒成本會極大地影響決策，如果繼續原來的選擇，可能會失去更多。而放棄原來的選擇，原來的所有投入都會變成損失。這就好像早上等公車的時候，等了半小時公車還沒來，心想已經等了半小時了，再等一下吧，結果半個小時又過去了。為了避免遲到，決定坐計程車去公司時，剛離開站牌，公車就來了……

話說回來，該如何平衡沉沒成本對我們的影響？「堅持還是放棄」是非常困難的選擇，但是也有一些基本原則。比方說成本已經收不回來時，需要果斷放棄沉沒成本。很多大學畢業生有這樣的問題，想要選擇非本科系的工作，又不是很喜歡該份工作，但是不選擇的話，自己似乎浪費了四年時間。如果確實不喜歡這項專業，就不用過分留戀，因為無論怎麼選擇，「大學四年」的投入都不能改變。否則，只會讓自己繼續在不喜歡的領域多投入幾年。

當註定要損失時，將損失降到最低就是獲益。

● 衝動是魔鬼

「憤怒會讓人失去理智」，一個人處於憤怒狀態中，往往會做出非常偏激的行為。在這個狀態下，他們的想法不是基於事實，更多的是主觀臆測，這項觀察也是有許多科學依據的。醫學雜誌《神經科學前線》（*Frontiers in Neuroscience*）發表過一篇小白鼠憤怒時大腦變化的研究。他們發現，經常打鬥的小白鼠大腦中，大腦灰質的含量更少，同時海馬體開始形成新的神經細胞，而且這些新的神經細胞會增強小白鼠的攻擊性。

這群經常打鬥的小白鼠也表現出更高的焦慮水準，經常出現反覆的行為舉止，溝通能力明顯下降。

部分大腦灰質與思考能力有關，海馬體則與記憶、社交能力有關。也就是說，處於憤怒之中時，不僅會變「笨」，還容易遷怒於人。

憤怒和悲傷等負面情緒都會讓人發生「思維窄化」現象，容易在看事物時添加非常多個人價值判斷。憤怒讓我們變得激進，看不見風險；而悲傷讓我們變得極為保守，過分在意細節。

情緒化決策隨處可見。一些「小心機」們總是約喜歡的人去看悲情電影，讓對方產生悲傷情緒，對方可能更容易接受追求。因為人在悲傷時更有社交欲望，更渴望社會支持。

而在這種場景下做出的決策，往往不是出於自己的真實想法，更多的是一時「情緒化」，也許過後就會後悔。為了避免人們因情緒化而離婚，有的地方會規定他們過一、兩個月再確認是否繼續辦理離婚手續。

如果想少犯錯，最好不要在憤怒時做決定。雖然我們不可能永遠理性，但是可以不在情緒波動較大的場景下做決策。另外，閱讀那些充滿情緒的文字時，更要小心裡面的「情緒陷阱」。

3 組織化表達

一千個讀者心中有一千個哈姆雷特，每個人看待事物的角度都會因爲自己的經歷和知識面而有所側重，有時候我們與他人的觀點甚至是對立的。如果沒有好好協調，就很容易造成雙方的理解有落差，我們該如何更理解他人，也讓別人更理解我們呢？

• 表述的利器——金字塔原理

學習做菜的時候，我媽媽每次都會告訴我要加適量的鹽，然而我不知道適量到底是多少；現在有些人強調要增強邏輯性，強化思維，然而我們也不知道具體方式為何。可能很多人都看過芭芭拉·明托（Barbara Minto）談提升邏輯力的書《金字塔原理》，不少人反映說這本書有點難啃，彷彿霧裡看花。事實上不是我們理解能力不足，可能是因為作者缺乏生活中的例子，用專業視角闡述，卻沒有考慮到我們的知識背景。這篇文章和下一篇文章透過對明托的《金字塔原理》進行總結的同時，我也盡可能將例子生活化，文字輕鬆化。

什麼是金字塔原理？

金字塔原理是一種重點突出、邏輯清晰、層次分明、簡單易懂的思考方式、溝通方式和規範模式。金字塔原理的基本結構是：結論先行，以上統下，歸類分組，邏輯遞進。先重點後次要，先總結後具體，先框架後細節，先結論後原因，先結果後過程，先論點後論據。

為什麼要用金字塔原理整理邏輯？

金字塔能夠達到的溝通效果：觀點鮮明，重點突出，思路清晰，層次分明，簡單易懂，讓受眾有興趣，能理解，記得住。

如何建造金字塔結構？

搭建金字塔結構的具體做法是：自上而下表達，自下而上思考，縱向總結概括，橫向歸類分組，序言講故事，標題提煉精華。講完了一些概括性內容，接下來就針對以上內容具體展開。

我們說話、寫作、整理問題的過程，為什麼需要使用金字塔原理呢？人類很早以前就認識到需要對事物進行規律化分類，大腦也會自動將事物以某種形式組織起來，基本上，大腦會認為同時發生的任何事物之間都存在某種關聯，而且會將這些事物按照某種邏輯模式組織起來。

舉個例子，古人眺望星空，看到的星星並不是孤立的，而是透過自己的意志將它們整合成了「北斗七星、獅子座」等這樣有規律的整體。

因為人的認知資源非常有限。這可以用前面出現的假設來論證：隨便朝一個地方瞥一眼，大腦得到的訊息量就超過了十億位元組（1GB），這對有限物理容量的大腦來說，是非常大的負擔。在長期的進化過程中，大腦學會如何在更低耗能的情況下獲得資訊，慢慢地，大腦開始自動對事物進行分類和組織，以減少無用資訊的干擾。

如果在傳遞資訊的過程中破壞了這種進化，會語無倫次，廢話連篇，讓接收者的大腦產生更多資訊處理負擔。而在說話和寫作過程中，無論讀者智商多高，他們的可利用認知資源都有限，一部分認知資源要用於識別和解讀讀到的詞彙，另一部分則用於找出各種思想之間的關係，剩下的資源則用於理解所表達思想的內涵。

而且這種資源的分配，每上升一個級別，剩下的資源量就會少一個量級。如果語言文字在前兩個級別表達上就耗費了讀者所有精力，基本上就很難有人知道我們想要表達的具體意義了。

複雜的表述讓人不知所云，舉個例子：即使女員工能與男員工一樣獲得同工同酬的待遇，女員工的處境可能比以前差——與現在相比，女員工和男員工的平均收入差距將不會縮小，反而會愈來愈大。對雇主來說，同工同酬是指，為相同崗位或工作價值支付相同報酬。採用任何一種解釋都意味著：驅使雇主為自身利益採取行動，或透過多雇用男工抵制限制性政策。

這段話傳遞了五種思想，卻沒有清晰的邏輯，讓人難以理解。因為它無法滿足大腦聯繫和分類的進化本能，我們很難從隨後接收到的資訊特徵中，尋找到與前面資訊相同的特徵。這就像對方給了堆砌的瓦礫，我們想要拼建成房子，卻發現這些瓦礫不是相同的材料組成的，增加了構建整體的難度。

人一次能夠理解的概念和思想數量有限。如同美國科學家喬治・米勒所說，大部分人的短期記憶無法一次容納七個以上的記憶項目，有的人可能一次能夠記住九個，有的人則能夠記住五個。大腦比較容易記住的是三個項目，最容易記住的是一個項目。雖然這個理論存在一定程度的不足，但也解釋了一種存在的現象。當大腦發現要處理的項目超過四個或五個時，就會開始將其歸類到不同的邏輯範疇裡，以便於記憶。

我們在求學時經常用到大括弧分類法。將複雜的知識分類到同一個板塊和知識下，形成一個目錄，方便複習。實際上也是利用了金字塔原理的基本思想。將十餘個項目劃分為三個大項，讓思維的抽象程度提高，產生塔式鏈接，更容易記憶。

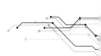

• 利器出鞘——如何使用金字塔模式？

金字塔原理最為實在的功能在於降低受眾的認知成本，提高表達資訊的轉化率。在形式上讓自己的邏輯更清晰而有條理。

現在我們知道金字塔原理的使用益處，怎樣才能更靈活駕馭這個工具，讓別人順利接收自己的資訊，實現說服的目的呢？

背景交代

前面的心理學實驗「看不見的大猩猩」已經證明了，人的注意力非常有限，大腦會有一個自發的篩檢程式，將無用的和非常熟悉的知識過濾掉和簡化。如果一開始就沒有確定講述內容的方向，就需要花費更多精力在多個方向獲取資訊，這樣會增加許多認知成本去理解沒用的資訊，受眾的有效資訊轉化便無法提高。

當我們交代了講述內容的背景時，對方在認知上就會減少發散方向。比如看到一張一群學生在教室裡的照片，被人提問裡面有多少個男生時，觀者就不會關注桌子顏色或布告欄。等觀者看完照片，拿開照片後提問教室有多少扇窗戶，大多數人是無法回答的。這種預先性提問，就是透過問題背景自動過濾很多與主體無關的資訊，降低受眾的認知成本，提高資訊轉化。

順序講解

1234567890123456789

8426795135894671023

145236978 X 31486529

以上三組資訊，哪組更容易記住？哪組更容易被接受呢？

其實，思考的過程實際上就是接收資訊、加工整合、儲備和表達。透過上面的例子，我們可以大概明白：清晰的思考模式，實際上就是將資訊排序和規律化，降低受眾的認知成本，讓資訊更有效地傳達。

因為人的注意力有限，大腦便喜歡有層次、有規律的東西，因此在表達過程中，需要讓過程有一定的層次關聯。金字塔原理的表述有四種順序。

演繹順序：大前提、小前提、結論。

時間（步驟）關係：第一、第二、第三。

結構（空間）關係：遠近、高低、大小。

程度關係：最重要、重要、次要等。

至於選擇哪種類型的邏輯順序，取決於組織思想時的分析過程。寫出條理清晰的邏輯結構，需要在構思過程中清楚理解需要闡述的事物及其內在聯繫，進而使分析結構更為有效。

結構性分析問題

我們解決問題的一般流程是：

收集資訊→描述發現→得出結論→提出方案

然而，這種解決問題的辦法實際上非常低效，在收集資料和分析的工作中高達六十%是無用功；得出來的結論往往也非常空泛，沒有實際性幫助。後來，很多顧問公司發現，最能行之有效的辦法是在資訊收集前對問題進行結構性分析：提出假設；設計流程，沙盤推演；分類處理，得出結論；得出相應的對策。

也就是說，整理思路、構思如何解決問題時，第一步不要急著收集資訊，而是先假設問題的所在，透過假設尋求有用的資訊，進而降低資訊的收集成本。比如說，讀書成效不彰時，第一步採取的措施是提出問題：是什麼造成了自己低效，橫向比較自己不同時期的表現，縱向比較近期表現，再比較他人與我們是否存在同樣的問題，進而得出一個回饋。透過得到的假設，再採集資訊並且進行補救措施等。

很多改變敗於沒有理論指導。好的理論在於指導性和操作性，而金字塔原理就是一個可以有效解決問題的理論。

‧開頭、結尾最重要——結論先行

我在網路上看過一些很好玩的問題，其中下面兩個讓我印象深刻。

一、發給自己對象或喜歡的人：「今天我吃藥的時候看到一個新聞」，如果對方回覆是什麼新聞而不是問你爲什麼吃藥，說明對方不喜歡你。

二、最近我女朋友總是很晚回家，問她去哪裡了，總是支支吾吾的；想翻看她手機，她總是很驚恐地搶回去。有一天很晚了，她化了濃妝要出門，我騎機車在後面跟蹤她。忽然機車的排氣管壞了，直接掉到地上，我的機車是去年才買的，還不到一年，請問有保固嗎？

這兩個問題的本質都是增加了無用的資訊，造成了決策干擾。因此如果想要讓對方更能理解我們想表達的意思，需要在表述過程中盡可能減少無用資訊干擾。資訊多雖然能夠幫助我們分析，但是沒用的資訊則會產生非常大的干擾，就像我們考試的時候，如果有那麼一個條件沒有用上，心裡總是覺得怪怪的。

另外還可以這麼做：盡可能將核心觀點放在最前面說。這是因為人的注意力有限，即使是一節四十分鐘的課堂，我們也會分神很多次。閱讀過程中，注意力最集中的時候往往是最開始，其次是最後。心理學研究證明，人在讀書的過程中會產生前攝抑制和倒攝抑制，記得最牢固的知識是最前面和最後面的兩個部分。識記一個較長的字表或一篇文章時，一般總是這段文字的頭尾容易記住，不易遺忘。而中間部分則識記較難，也容易遺忘。這是由於識記材料開始部分只受倒攝抑制的影響，識記終末部分只受前攝抑制的影響，而在識記中間部分時則同時受這兩種抑制的影響。

通常對方的時間也有限，如果一開始不能讓對方了解你的來意，對方會顯得不耐煩。從效率方面來說，一開始就表明自己的核心想法比放在最後更好一些。

如果想要說服對方，就需要讓他們對我們的資訊進行足夠的加工。至少要走進對方的注意範圍。如果有機會，則在最後面再強調一次。

另外，我們經常看到有人將自己的文章觀點分標題講述。實際上就是將整篇文章分割為多個部分。標題可強調觀點，即使不看正文，也能大概知道要闡述什麼。

同時，前攝抑制和倒攝抑制一般是在學習兩種不同但又彼此類似的材料時產生的。將文章進行分標題講述，我們會在潛意識裡將它們分為兩種不同的學習材料，更容易減少前面觀點對後面觀點的前攝作用。也就更容易讓我們接受，從而達到影響的目的。

•經驗參照成就優質內容

人在認識事物時，通常都會參照以往的經驗和知識，如果所學的知識又與自身密切相關，學習時就會更有動力，也不容易忘記。

之所以出現這種情況，是因為記憶材料與自我有關時，記憶效果優於其他編碼條件，這種優勢主要體現在以回憶經驗為特徵的材料出現時。這在心理學上被稱為「自我參照效應」。也就是說，面對的材料內容是人們身邊熟悉的人或事時，更容易讓人記住，這樣才能夠提高資訊轉化率。

用熟悉的知識和場景講解是為了增加好感，陌生是為了構建衝突。

從心理學的角度來講，我們對新鮮事物的認識方式是構建在已有的認知上，我們都傾向於理解能夠理解的事物。因此，以熟悉事物做為講解過程的載體，容易帶給他人熟悉感和認知上的親切感。

但是熟悉的事物也往往被大腦自動過濾，所以，我們需要對熟悉的場景和知識，進行適當地重新組合和內容添加，以激發對方對新奇事物的好奇心。

這也是為什麼部分廣告代言人是非常普通的小人物或超市與家庭聚餐的場景，同時添加自己想要宣傳的產品，其目的就是為了增加受眾的熟悉感。比如說一個品牌的洗衣粉，有非常多廣告都是以大街或球場上孩子玩鬧之後將衣服弄髒了、一位家庭主婦將衣服泡入含洗衣粉的水中、拿起來輕輕揉搓就潔白如新為場景。這都是利用相關的資訊來進行說服。我們對「街道」和「家庭主婦」再熟悉不過，心理距離上感覺非常貼近，讓我們對品牌產生好感，達到提高轉化率的目的。

我們也可以用這種方式加強說服的效果。講解複雜事物時，應該盡可能讓事物與受眾經常接觸的事物相結合。比如說，向小孩講解什麼是蝙蝠時，可能大多數人都沒有接觸過蝙蝠，如果我們這麼表達：「蝠是翼手目動物，翼手目是哺乳動物中僅次於嚙齒目動物的第二大類群，是唯一一類演化出真正有飛翔能力的哺乳動物。」孩子們肯定很難聽懂，一是孩子的抽象能力相對較弱，二是因為沒有接觸過蝙蝠，很難有相似的範本套入關聯；但是大多數孩子都見過老鼠，如果告訴孩子「蝙蝠是帶翅膀的老鼠」，孩子們就能夠知道牠大概長什麼樣，雖然不夠準確，但是達到了教育的基本目的。

當然，不僅孩子們需要這種「熟悉＋陌生」的說服模式，不管對象是誰，用這種模式去討論，都能夠讓對方更好理解我們所要表達的觀點。

寫作過程中常用的類比，實際上也是一種「熟悉＋陌生」的說服過程。透過類比，能夠讓我們要表達的觀點顯而易見。比如有一次討論時，講到社會對抗關係的競爭性和互補性，我說了「一山不容二虎，除非一公一母」，其他人就更能明白對抗關係的競爭性和互補性的前提條件了。

「熟悉＋陌生」的說服模式，能夠讓對方對我們的觀點更為熟悉，也能夠讓我們的觀點更加清晰。這樣雙方討論起來才能夠更有針對性。

4 洞悉本質

世界是圓形，但是有人敲碎了它，只給了人們一個三角形，很多人便認爲世界原來的樣子是三角形。我們學習更多的知識，只是爲了發現一個更完整的世界。也只有不斷學習，才能在別人告訴我們世界是三角形時，拿起批判的武器。

•存在的意義

記得以前看過一個故事，講的是一個冒險家將攀登珠穆朗瑪峰做為人生目標，完成了這個艱鉅的挑戰時，眾人喝采。但是不久之後，他就自殺了。他說道：「當完成了最後挑戰，感覺人生沒有了意義，失去了生存下去的動力。」

北京大學心理諮詢師徐凱文在文章〈學生空心病與時代焦慮〉中講到一個例子：有個

大考狀元說，覺得自己在一個四分五裂的小島上，不知道在幹什麼、要得到什麼，時不時感覺到恐懼。十九年來，他從來沒有為自己活過，也從來沒有活過，所以他會輕易地放棄自己的生命。

人生的意義到底是什麼？我曾經為了這個問題失落了好幾週，雖然之前思考過無數次，但是那一次感覺特別強烈。我開始各種資料的查找和書籍的翻閱，最後經過思考得出的結論是——人生的意義在於賦予，甚至說是沒有意義，如果有，是我們讓它變得有意義。

現在我們思考這麼一個問題：你的女朋友或男朋友送給了你一枝不是很昂貴的筆，但是你會覺得非常珍貴，對這枝筆有非常多感情。假如有一天，在你不知情的情況下將這枝筆調包。你依然會對擁有的筆產生豐富的感情，可是筆已經不是原來的那枝了。

筆已經被換了，可是感情卻沒有改變。既然它已經不是我們收到的那一枝，為什麼還會對這枝被調換的筆產生感情呢？答案是我們賦予它意義，它濃縮了我們的強烈感情，成為情感的載體，進而產生意義。

同樣，人生也是如此。所處的社會和所接觸的知識建構了我們的價值體系，這就像是戀人送來的筆，讓我們對特定事物產生了足夠的感情，並且賦予其意義，從而形成追求。

人生所謂的意義是我們賦予行為的一種支撐，它是價值觀的產物，而不是本來就擁有的。意義源自於我們對事物的認知以及關聯的構建。

有部電視劇裡面有一個角色。他認為活著的意義是為了效忠他的王，即使王變壞，他依然沒有改變看法。因為他害怕承認錯誤，害怕自己所做的事毫無意義，所以寧願對已經改變的王效忠，也不願意改變自己所認為的有意義。他在這裡所謂的意義是自己賦予的，為的是支持自己的行為。他將自己的行為與天命連結，即實現了載體與意義的結合，以讓自己的行為有足夠的理由。

人一直都是害怕不確定的動物，就像看到草叢在動，無法判斷是否有獅子，就會不安。我們也害怕行為的不確定性，如果沒有一個指定的程式或目標讓人執行，我們會產生非常強烈的不適應感。很多人高中時因為社會教育的灌輸，以及所處群體的同化作用，讓我們對大考賦予了很重的意義感。許多人極度看重大考，而且也能夠認同自己的努力；即使偶爾會疑惑為什麼要那麼努力，也會因為環境帶來的緊張感而減少這種疑惑。而考試結束後，我們賦予的意義就消失了，進而讓行為失去支撐。如果沒有及時尋找到新的支撐，也就是賦予新事物一個不一般的意義，我們很可能陷入質疑——做這些有什麼意義呢？在這種情況下，系統總是趨向無聊的。

我們往往選擇最省力的行為模式——玩遊戲、看小說、睡懶覺等。那些脫貧致富的人容易吸毒也是這個原因。

聽到國歌，一些人可能會激情澎湃，因為教育賦予了這首歌意義，而沒有受過這種教育的人，往往不會熱淚盈眶；別人用一隻更昂貴、年輕的哈士奇想換我們養了十幾年、甚至帶病的哈士奇，我們是不會同意的，因為對這隻老狗有感情，牠成了意義載體。但是如果讓不知情的人二選一，我想大多數人都會選擇年輕可愛的那隻吧。

到目前為止，我還沒有明確發現自己的人生意義，也沒有發現特別值得賦予意義的事物。但是我的價值體系讓我明白：意義是自己給的，快樂是很簡單的一件事，而價值也是自己創造的。所以，在圖書館泡上一天給我的快樂比躺在床上睡懶覺多得多。

我很喜歡英國浪漫詩人威廉•布萊克（William Blake）的一句話：「辛勤的蜜蜂，永遠沒有時間悲哀。」與其不停思索人生的意義，不如讓自己在體驗中獲得。

讓自己忙起來，也是良藥。

•社會流動——如何更上一層樓？

近幾年有一個話題非常熱門：進入上一個社會階層的難度愈來愈大了。資源的流動性變慢，能夠在社會受益的奮鬥者愈來愈少。

這是每個時代的焦慮，尤其是這個時代。我們發現努力得不到應有回報，看不到自己的付出會有什麼結果，任誰都會感到不安。

中國改革開放前二十年，社會資源的流動性非常高，伴隨市場的成熟和既得利益者的形成，資源的流動產生了一些阻力。

現實很殘酷，而且這並非中國、也非這個時代的特點。法國社會學家布迪厄（Pierre Bourdieu）早在一九六五年就對近萬名法國中學生做過一個調查，發現優等生群體有六十一％屬於富裕階級。而明朝也是如此，萬曆年間，八十％的進士出自精英家庭。

社會學上有個馬太效應，指的是這個社會的發展趨勢更多是強者愈強，弱者愈弱。一個新社會的初期，大多數人的差距都不大；但是隨著社會發展和穩定，社會逐漸分層，馬太效應就愈來愈明顯，絕大多數窮人變得愈來愈窮，而富人依舊保持優勢。

我們該如何才能進入更高的社會階層？可以從下面一些角度去探索。

有無增值基礎

雪球愈滾愈大之前必須有一個小雪球，「星星之火，可以燎原」的前提是有一個火點。

同樣，自身要想得到發展，也必須有這樣的增量基礎，俗一點的說法就是：足夠的本錢。

前段時間看到新聞說，王思聰五億元的投資最高獲得了五倍的收益。這是否因為他的能力比大部分人強呢？不是的。富人之所以能夠輕易賺錢，可能不是因為他們能力比我們強，而是他們有增量基礎。父母已經幫他們滾好了「小雪球」，自己只要再輕輕動動手指就能夠讓雪球滾下去，慢慢變大。

當一個人有五億資產想要投資時，會有很多基金公司和私募公司找上門來，告訴你投資什麼企業和領域賺錢，基本上不用自己費心。

而大多數人想要達到和他們一樣的層級，要比他們多一個前提條件——自己先有足夠的本錢。擁有足夠的增值基礎才能吸引和交換相應資源。

錯以為努力與回報是線性關係

一．○一的三百六十五次方等於三十七．八，○．九九的三百六十五次方等於○．○三，其中三百六十五次方代表一年三百六十五天，一代表每一天的努力，一．○一表示每天多做○．○一，○．九九代表每天少做○．○一，三百六十五天後，一個增長到三十七．八，一個減少到○．○三。

在學生時代，看過上面這個付出計算方式後，當時覺得這種方式所表達的思想非常有道理，自己像打了雞血一樣，每天多努力一點，想著把冷板凳坐熱，最後成績並沒有多大起色，反而落下了一身頸椎病。這種計算方式是不是看上去很有道理呢？其實，就像那些想著「離大考還有一百天，每天只要進步一分就可以了」一樣，沒有弄懂努力與回報根本沒有確定關係。

兩者之間的關係只能說：有規律，沒定律。不要輕易想著靠這些簡單的加減運算，計算自己努力會帶來多少回報，因為根本就不準。

市場報酬率不等

不同市場會有不同市場報酬率，最開始改革開放時，市場流通性差，這時承擔商品交換的「仲介產業」報酬率最高，之後是股市走紅，股市的報酬率最高，再之後是房地產。毋庸置疑，前幾年體力市場的報酬率一直低於知識市場的。但是現在來看，知識市場的競爭過於激烈，反而造成了體力市場的稀缺，開始出現反轉。

不同領域在不同階段有不同的報酬率。托瑪・皮凱提（Thomas Piketty）在著作《二十一世紀資本論》中寫道，近代社會發展初期，勞動報酬率高於資本報酬率，但是現在的情況是資本報酬率高於勞動報酬率。對應這個社會當前，炒房和搞金融者的盈利所得大大高於做實業和出賣勞動力的。在合適的時間選擇合適的發展領域顯得非常重要。

穩定的反身傷害

在進化中，最容易被淘汰的物種是長期處於穩定生活環境的，比如澳洲因為大陸漂移遠離泛大陸主體，所以很多物種進化得比較慢，容易因為突發事件導致大規模滅絕。

社會是殘酷的，資源也是有限的，很多人因為想要穩定而失去了競爭力。如果一開始就選擇沒有難度的工作，缺少足夠的歷練，會因為過於安逸的生活，而使競爭能力或多或少退化。如果沒有養成較強的競爭能力就選擇了穩定，能力也沒有得到錘鍊，很難透過奮鬥而提升地位。

即使是山頂的草，也比平地裡的白楊站得高，因為它生下來就站在山頂。起點在一定程度上影響了自身的高度，但不代表無法突破。知道自己的處境後，可以去想怎樣破局。我提供一些自己的想法。

利用資源的轉換性

社會體系的構建最基礎的組成是資源交換規則。就像能量能從熱能轉化為風能，動能可以轉化成電能，資源也存在這種不同維度的轉化。你能用自身知識轉化成財富，也可以用財富追求異性。諸此種種，不做贅述。

所以之前才會有「知識改變命運」的說法，實際上是因為知識和學歷能夠做為與他人資源交換的基礎。至於能不能實現、能交換成什麼資源，需要看知識的深度和廣度，並且要結合個人的主觀能動性。

總之，要想進入更高的階層，至少要有一樣可以拿出來交換的資源，可以是足夠的知識，可以是行業縱深，可以是壟斷資訊，甚至可以是長得好看。

凡是稀缺的都有價值。幾乎每一個偉大企業之所以能長存，最根本都是因為他們能夠為人們帶來價值。同樣，如果自身沒辦法給社會和他人帶來價值，也很難維繫自己的生存。

提升自身格局

曾經有一個人向畫家門采爾（Menzel）抱怨自己一天畫一幅畫，但一年都沒有賣出去一幅。門采爾給他的建議是「倒過來」：用一年的時間畫一幅畫，就可以一天之內賣出。同樣，想要獲得更多的資源，本身就不能急功近利。我所認識的很多人之所以失敗並不是因為自身能力不足，而是因為看不到結果而不願意堅持，錯失了市場。

網路平臺上偶爾會看到有人求助如何考高分、升職，但實際上，大多數人並不是不知道如何做，只是覺得那些「笨方法」很慢，看不到即時成效。

只有站得更高，學得更多，才能夠看得更遠。磨刀從來不誤砍柴工，弄懂這個世界的運轉規律，並且利用這些規律，才是改變處境的最好辦法。

尋找增量市場

學過金融的人都知道泊松分布曲線。泊松分布曲線是諸多事物發展的規律曲線，從很低的起點開始發展到一個最大值，再慢慢衰減。

泊松曲線在市場的應用就是劃分市場的增存縮關係。增量市場看營運，存量市場重品質，縮量市場做垂直。其中，當一個市場處於市場增量時，是盈利最簡單的時期，只要找到這個市場，早期往往可以「躺著賺錢」，後來者往往就沒有這種好運。就像有人要過河，看到鱷魚集中在一側，自己從另一側游過去。鱷魚看到後迅速游過去。這時想重複鱷魚的路徑過河則很難實現。

當我們看到一個行業有媒體鼓吹時，要意識到這個市場可能已經被占領得差不多了，再涉足可能會得不償失。努力用自己所學的知識，分析存在的市場和看到的領域會更加省力。

尋求節點

很多明星在出名之前實際上已經做過多年跑龍套，但是做的夠多了，只要其中一個出名，就會成功，而且不可逆。那個成功的部分，我們稱為節點。

實際上就是彼得・泰爾（Peter Thiel）所認為的事物發展「從零到一，從一到N」的過程。自己的所有努力在初期很難看到明顯起色，因為這個過程的積累是無中生有的過程，非常艱難。但是完成了一定量的積累，接觸到一個節點，這個「一」就會像奇點一樣發生爆發式發展。

這也是為什麼很多人強調如果想要在一個領域有所建樹，需要持之以恆，實際上就是完成原始量的積累。不過更好的辦法是提高自身的能力水準，因為能力水準夠高，可以極大地提前和增加節點，甚至創造節點。

克服關鍵限制因子

把東西忘在房間裡了，不用怕，有鑰匙。但是鑰匙忘在房間裡了，這種情況可就麻煩多了。這裡的鑰匙就是我們的關鍵限制因子。

德國植物生理學家李比希（Justus Liebig）透過研究化學物質對作物產量的影響發現，各種作物的產量，通常不受所需的大量營養元素限制，而受制於微量需要的原料。我們稱這種限制條件為關鍵限制因子。但是在任何具體生態關係中，在一定情況下某個因子可能產生的作用最大。

也就是說，限制發展的關鍵限制因子可能是自己的缺點，也可能是長處。比如，參加大考時，弱勢學科就是你的關鍵限制因子；數學很強，但是要透過數學競賽獲得保送，數學就是你的關鍵限制因子。

想要發展得更好，需要找到限制自己的關鍵因子，並且減少它對發展的限制。弄清楚真正要的是什麼，並且分析、確定自己的關鍵限制因子，在自我完善的過程中，不斷打破其帶來的瓶頸。

•「美麗」的騙局

經濟下行時，犯罪率會有一定的抬升，傳直銷活動也會更加盛行。這幾年這類新聞屢見不鮮，也有好多傳銷開始披上「新衣」，變換方式。

好多人因此弄得負債累累或是家庭破滅。在這裡，我也講一些常見的洗腦方式，供大家參考，盡可能抵制有害的想法。

人群篩選

人群篩選主要不是用於洗腦，而是用於區分容易洗腦的人群。比如說，有的人偶爾會收到一些漏洞百出的詐騙資訊。有的詐騙資訊顯得非常幼稚和低級，可是為什麼還有那麼多人中計？其中很大原因，在於騙子的「人群篩選」。想像一下，如果資訊編得非常嚴謹，在非常龐大的基數群發下，就會有更多人諮詢情況，就需要花費更多時間和精力解釋，盡力讓他們相信這些資訊是真的，這樣會讓騙子們疲於奔命。

但是，故意編造一個漏洞百出的資訊，還有人來了解具體情況是否屬實的話，基本上就可以確定這群人的智商水準，騙子就可以迅速找到「精準用戶」，而且能大大減少時間成本的投入。

我們聽到的很多傳銷騙局都是如此，洗腦的人告訴對方有「躺著賺錢」的方法，透過這樣的篩子，選出了容易被洗腦的人。而不易被洗腦的人群會盡快被踢出群體，也避免後期洗腦工作出現問題。

這是很多傳銷組織能夠存留很久的原因，有思考能力的都被剔除，只剩下那些缺少知識和教育的人群。他們更容易從眾，更容易迷信，以至於再大的漏洞也無法看清。

單一資訊和睡眠效應

就像吃飯一樣，人對資訊也有生物性需求。因為沒有資訊就無法捕食，無法遠離潛在威脅。人對資訊的依賴程度不亞於吃飯等本能。比起錯誤的資訊，人們更害怕接收不到資訊。所以，當錯誤資訊成為唯一訊息來源時，我們也會傾向於接受和相信。

持續的單一資訊使大腦皮層下的「回應迴路」從短期記憶變成長期記憶，從而改變自己的認知，增加對這種持續的單一資訊的認可，最終認為它們是正確的。

我們看到的傳銷模式經常是阻隔人們與外界的資訊，很長一段時間將其關在一個封閉的「小黑屋」，不讓人們接觸組織群體以外的任何人。同時在這個期間不斷對被洗腦者講「相似的道理」。

我們會慢慢接受那些明顯錯誤的資訊，另一個原因就是資訊傳播的睡眠效應。資訊傳播結束一段時間後，高可信性信源帶來的正效果會下降，而低可信性信源帶來的效果卻朝正效果轉化。也就是說，一開始我們知道明顯錯誤的資訊，一段時間過後，可能就慢慢相信了。其中的原因在於，我們可以記得資訊的大概內容，但是很容易忘記來源。從而慢慢認為他們給的資訊是正確的。

即使內心非常強大的人，在這種單一資訊和「資訊睡眠效應」的影響下，也容易被弄得筋疲力盡，最後屈服。

製造「氣壓」

這裡的「氣壓」是氣場壓力，指的是群體壓力和環境壓力。

人非常容易受群體影響。就像一群羊突然跑向同一個方向，一隻羊不知道其他羊為什麼這麼做，但是牠知道跟著做能夠活下來的機率最大。如果沒有獅子，自己這樣做不會有太大損失，一旦真的有獅子追來，自己生存的機率就增加了。

追隨「多數人」是生存進化的最優策略，可能有些人覺得自己不從眾，但是實際上，很多生活現象都會不自覺表露自己，比如說，看完精彩的節目後，掌聲都是從不統一到統一，這也是從眾的一種形式。

我看過一個關於傳銷的影片是這樣的：明明是喝白開水，但是第一個人說魚湯很香，第二個說有點鹹，第三個說被魚骨卡到了，第四個說蔥花不錯。這時候，受試者內心的感受是什麼？從他的猶豫可以看出，即使不相信是魚湯，或多或少也會對這是白開水的事實產生懷疑。

環境壓力也是讓人改變認知的一種方式。每個人都有自己的心理空間，要是別人靠得太近，我們會感到不安。能夠被許可進入安全區的，我們都認為是可以信賴的。

而傳銷組織一般都是故意創造一個狹小的空間，讓安全區一直處於被打破狀態，自身心理防禦系統不能一直保持，進而對他們產生信賴感，相信他們的所作所為。

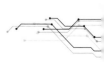

真假訊息混淆

小的時候玩過一個遊戲，同學叫我快速念十次貓，然後奔出一個「老鼠吃什麼」的問題，我下意識回答「貓」。這個過程就是明顯的資訊摻雜影響認知的例子。

傳銷組織和一些邪教的教義都是透過混淆資訊讓人產生失調。在傳銷中的表現是，先告訴你九十九個絕對正確的事實，再夾雜一個他們想偷渡的資訊，你可能覺得不對勁，但是又覺得大多數有道理，這個時候就會產生一點心理失調，在「相信與不相信」之間糾結。

人在心理上會追求一種協調和平衡。在這個過程會慢慢對這個訊息進行肯定或否定，再加上傳銷組織的引導，不斷地資訊「轟炸」，很大機率上你就會相信是真的。

行為疊加

社會心理學家席爾迪尼（Robert B. Cialdini）在著作《影響力》中寫到一個研究。軍事上，策反戰犯經常會用到一種「登門檻」的心理效應。先讓他們做一些無關緊要的、不背叛國家的行為，比如寫下自己國家不完美的地方。慢慢地，因為自願性原則，他們也會調整自己的形象，好讓自己的行為符合「合作者」這個標籤，如此又帶來了更多合作舉動。

同樣，傳銷組織也經常如此，讓大家做一些無關緊要、無意義的行為。再比如，一些宗教要求跪拜和合十。調動我們的認知，為自己的行為做合理的解釋。

當我們感知到自己的所作所為與想法有所衝突時，我們會調整行為或認知。這時候加上誘導，我們會對他們產生信賴感。

製造高昂情緒

人對外界的認知大多需要經過情緒加工系統，而情緒會影響我們的記憶和判斷。心理學家也做過實驗，結果證明一旦愉悅和高昂的生理反應正好與心理的反射相關聯，人會更容易對這種環境產生信任。所以，傳銷組織經常透過各種行為，讓人產生高昂情緒。

比如，讓大家在狹小的空間進行娛樂活動。因為從群體認知上，在狹小的空間中更容易被他人的情緒所感染，更容易被調動起來。另外，傳銷者經常會集體念一些口號，並且會不斷要求大聲點，進而激發我們的高昂情緒。

壟斷解釋權

很多抽象概念無法量化，也會因為個體差異而有不同解釋。傳銷人員喜歡利用這樣的模糊性告訴大家事實如何。看起來似乎頭頭是道，而實際上，其中的邏輯性非常勉強。比如說，一些「精英」喜歡壟斷對自由和民主的解釋權，告訴我們這樣是民主，那樣不是，但是實際上，兩者行為差不多。只是在效果上滿足了人們的心理預期，也能夠增強運用這類模糊化語言操控他人的合法性。

製造恐懼或外部敵對

人努力讓自己面對的世界合乎情理、能夠確定，換言之，太多未知會帶來恐懼。這個時候我們會更加渴望群體支持，比如說，有的人不敢走夜路，但是如果旁邊有另一個人，就不再感到那麼害怕。

一些宗教也喜歡製造出「異教徒」這樣的外部威脅，讓大家更加團結向外。我們看到很多邪教喜歡說他們「被迫害」。當他們被問及合法性的問題時，會說自己不宜公開。製造外部敵對就是製造不確定因素，讓大家只能更加緊密地互相依靠，進而對組織產生信任和依賴。

如果是極端恐懼的狀態，則可能讓人們產生生理失控，有的人表現為大小便失禁，甚至產生創傷後壓力症候群（PTSD），因此對一些人極端信任，而對外界極不信任。處於恐懼初期時，任何有效關懷，都會讓人們對傳銷組織產生極度信任。

群體去個性化

法國心理學家古斯塔夫・勒龐（Gustave LeBon）在經典著作《烏合之眾》中提到，個體在群體中或在和群體中其他成員一起從事某活動時，個體會表現出對群體更多認可，進而喪失自己的個性，稱為「群體去個性化」。

因為在群體活動中，我們會感覺到「社會責任」的分散，有大眾一起承擔，自己所付出的代價非常低。對應生活出現的情況就是認為「法不責眾」，所以會看到「貨車傾翻，路人哄搶」的新聞。

心理學家辛格（Margaret Thaler Singer）對去個性化程度不同的群體進行研究發現，當自己的意願與群體行為相反，去個性化嚴重的群體更少表現出非遵從行為。

洗腦者透過對某些行為的統一，減弱對個體獨體性的認知，產生對群體的服從。原因之一就是去個性化。所以，很多組織喜歡統一人員的服裝儀容，除了標識和美觀作用，也有去個性化的目的，方便組織化管理。

相信大家看了一些洗腦應用到的心理學知識，也會知道洗腦為什麼那麼厲害了。知道這些就像了解對手的下一步棋，遇到「洗腦」行為時，我們能夠更快地反應和清醒。

‧偽科學的新衣——為什麼有人相信星座？

曾經有個女孩子問我，說自己是白羊座，而男朋友是天蠍座，不能在一起，但是很喜歡他，所以很糾結、難過，問我該怎麼做。我對此哭笑不得。我一直以為星座頂多是一些人為了打開與陌生人的話題而做的「小玩意」，沒想到有那麼多人對此深信不疑。

實際上，星座是一種落後的產物，類似中國古代的算命。星座一開始是用於描述星體位置的，沒有描述個體性格的功能，但是一些占星師利用人的心理特點，強行與人的性格和命運相關聯，加上當時知識水準不夠，所以廣為流傳。

人傾向於透過歸類認識事物，方便對世界、對他人建立認知。想了解一個人其實非常困難，如果真的想，需要消耗非常多時間和精力。大多數情況下，大家都不會這麼做。而星座性格分析就是為那些想了解別人、又不願意投入太多精力的人而設。當我們知道一個人是什麼星座時，就會自動尋找「標籤」，感覺對其「很了解」。

但實際上，這也是產生偏見的最大原因。喜歡貼「星座標籤」的人，大多是懶人，不願意花更多精力去感受每個人的差異。

星座性格分析之所以那麼受歡迎，實際上是利用了我們簡化對事物認知的心理惰性。

除此之外，也有其他偽心理學的特徵。心理學家伯特倫・佛瑞（Bertram Forer）透過實驗證明了一種心理現象：大多數人很容易覺得一個籠統、一般性人格的描述特別適合自己。即使這種描述十分空洞，許多人仍然對這些描述自我的話深信不疑。

佛瑞於一九四八年對學生進行了一項人格測試，並要求學生試後對測驗結果與本身特質的契合度評分，零分最低，五分最高。事實上，所有學生得到的「個人分析」都是相同的：「你祈求受到他人喜愛卻對自己吹毛求疵。雖然人格有些缺陷，大體而言你都有辦法彌補。你擁有可觀的未開發潛能，尚未發揮你的長處。看似強硬、嚴格自律的外在掩蓋著不安與憂慮的內心。許多時候，你嚴重地質疑自己是否做了對的事情或正確的決定。你喜歡一定程度的變動並在受限時感到不滿。你為自己是獨立思想者而自豪，並且不會接受沒有充分證據的言論。但你認為對他人過度坦率是不明智的。有些時候你外向、親和、充滿社會性，有些時候你卻內向、謹慎而沉默。你的一些抱負是不切實際的。」

平均評分為四・二六，也就是說，幾乎所有人都認為這些描述與自己性格特質基本吻合。這時候應該有這樣的疑惑：當所有人的性格都可以用同樣的話語去描述時，人們的差異從哪裡來？

也有一些網友在網路上搜尋了「過於溫柔，經常把人愛壞」這樣的字句，結果發現每個星座都有這樣的性格描述。我們為什麼會相信這些空洞的描述呢？這和前面說到的「驗證性偏差」有些相似的原理。

當有人說你吹毛求疵的時候，你就會在腦海中尋找自己吹毛求疵的場景——生活場景那麼多，總能找到一個與之匹配的場景，進而「自己感動自己」，覺得對方說的好有道理。而單憑少數的場景就斷定有這樣的傾向，實際上只是主觀驗證。

就像道士來了一句「你三個月內必有一災」，當你身邊真的發生了什麼不順利時，就會心想，這個道士真靈。但我們也知道「人生不如意十之八九」，三個月完全順利的機率接近於零，他說的是一件必然事件。可是一些迷信的人卻將自己必然發生的不順利拿去驗證這段言論。

除此之外，我們會發現，這種描述有非常多讚美詞語，這就涉及我們對讚美和認可的需求了。

一些心理學實驗發現，即使人們能夠發現別人的讚美是「諂媚」，我們的多巴胺迴路依然會被啟動，對那些「諂媚」者的人格評價也普遍高於普通人。也就是說，即使知道對方的讚美是謊言，還是選擇相信。

而中國版星座——算命，讓我們相信的原因也大抵如上。我們會看到這樣的描述：

「這位先生，你額頭有朝天骨，眼裡有靈光，是仙人轉世，神仙下凡，我終於等到你了！」只不過，它也增加了更多的恐懼刺激。算命大師會告訴我們：「這位先生，我看你印堂發黑，目光無神，唇裂舌焦，元神渙散，近日必有血光之災。」接下來就是要我們掏錢消災了。

事實上，很多「神棍」沒有通天本領，只是有更強的觀察力，能夠很快判斷出我們的情緒和家庭狀況。甚至他們會組團行事，部分人負責調查我們的資訊，部分人負責演戲，部分人負責騙人。

總之，偽心理學之所以能夠大行其道，很重要的原因就是大家都很懶，不願意花時間思考事物背後的真正原因，只想走捷徑。然而，這些「捷徑」卻背離了我們所要的事實。

•沉默螺旋——偏激才有人支持

網路上經常看到一些情緒滿滿、明顯有錯的言論，卻得到了非常多的認可和轉發。為什麼會出現這樣的情況呢？

心理學家羅伯特•瓦倫（Robert Vallone）、李•羅斯（Lee Ross）和馬克•萊博

（Mark Lepper）等人做過一項研究發現，當媒體盡可能客觀表述存在雙方矛盾的現象時，比如播放一段群體衝突的影片，發現不管是哪個立場的人都會認為，這個媒體的表述是偏向於對立方的，也被稱為「敵意媒體效應」。

換句話說，那些帶有明顯立場的人能夠引起一部分人的共鳴和強烈支持，而中立的文章得不到兩個對立方的支持，即使得到中立方的一些支持，但是因為「事不關己」，他們也很少有動力去宣傳這些觀點。

這也是那些明顯帶有偏激情感色彩的文章能夠得到廣泛傳播的原因之一。

當一個群體缺乏足夠凝聚力時，這個群體發揮出來的合力非常小，所以中立的文章能夠得到很多人的認可，卻無法讓人產生「同仇敵愾」的情緒。而充滿情緒的觀點，則能夠激起一部分人的共鳴，並且形成非常大的合力。他們更願意去轉發和宣傳這樣的觀點。

就像面對數量龐大且極為健壯的牧牛群一樣，獅子若敢進攻和捕食，便是因為牧牛群都只是各顧各的，當敵人來臨時，牠們並沒有協作起來形成對外的合力。而獅子呢？牠們不在數量上占優勢，但是牠們形成的對外合力遠大於牧牛群。

很多偏激的文章都喜歡如此，透過樹立一個觀點做為自己的批判對象，將自己劃分為一個群體，站在道德的高點指責另一群體。因為批評別人能夠讓人產生一種「我比那些人強」的意識，所以他們更願意為這個觀點站臺。很多事件不是沒有客觀的分析，而是中立觀點更難獲得傳播。

當然，當我們看到一個明顯錯誤的觀點被瘋傳時，也不要以為很多人持有這種觀點。實際上，只是相信這個觀點的人群所形成的合力非常大而已。當一個觀點盛行，即使我們知道存在明顯的問題，但是覺得自己是少數派而不敢輕易發言時，就會產生另一種傳播學的效應——「沉默的螺旋」效應。

德國政治學家伊莉莎白・諾爾・諾依曼（Elizabeth Noelle-Newmann）認為，長期處於輿論資訊中的人，會慢慢培養出一種準統計感官，也就是感知外界氛圍的能力，能夠覺察到媒體呈現出來的主流意見，並且這些意見會轉化為個人對社會主要價值的認知。隨著主流意見在媒體上占據了與其相稱的比例，持少數意見的人表達觀點的可能性逐漸降低。相反，如果一個人感到自己的立場正為公眾所接受，就會變得勇於表達自己。

當我們感覺到一個觀點被非常多人贊同時，即使自己不支持，也不怎麼敢表達出來，因為害怕被孤立，害怕因為不同而被抨擊，甚至報復。大眾在做選擇時，也存在著趨同心理，會慢慢改變原來所堅持的。比如說，老一輩人的理財觀念是「勤儉持家」，現在人愈來愈認為「要對自己好一些」，甚至很多人認為「不會花錢就不會賺錢」。而這些觀點實際上更多的是商家為了刺激大眾消費而進行的宣傳，最終形成了主流。所以說，一個觀點如果得到一小部分人的認可，而反對者不發聲時，久而久之，就很少有人反對了。

如果理性不發聲，一個偏激的觀點就很容易成為主流。而我們也可能慢慢改變自己的觀點，接受那個想法。

• 磨掉稜角——我們是如何變平庸的？

上小學的時候，我媽媽告訴我北大、清華是中國最好的學校，我在思考是上清華好還是上北大好；初中的時候，我覺得自己努力一把，還是有機會讀重點大學；高中的時候，我只想努力考個大學。

相信這個笑話也是一些人的寫照。自己在一步、兩步的成長中發現，理想很豐滿，現實很骨感。很多人在一次又一次的打擊中，慢慢認清了自己，也找到了自己的位置。

但是也有人走向了另一個極端——習得性無助。

虐狗狂人，哦不，心理學家賽利格曼（Martin Seligman）在一九六七年對狗做過一個經典實驗。一開始的時候，賽利格曼把狗關在籠子裡，只要蜂音器開始產生噪音，就對狗施加電擊懲罰，狗一開始的時候會到處亂跑。

但是多次實驗之後，牠發現努力是白費的，無論如何都會受到電擊。

後來，實驗人員打開蜂音器，在施加電擊之前，打開了籠門，此時狗不是努力逃脫，而是直接倒地呻吟和顫抖。

同樣，生活對我們一次又一次的打擊，也讓一些人產生了這種「無助感」。

他們在失敗前就開始「呻吟」——「沒希望的」、「我不行」這些人和鹹魚一樣，自怨自艾，不再努力追求。即使真的有人給予機會，他們也不敢去嘗試，於是慢慢就走向了平庸。

他們過度沉迷於自我的「舒適圈」，不想做過多嘗試。即使有時候察覺到自己的頹廢和慵懶，內心充滿了改變的渴望，但是因為在「舒適圈」停留太久，以至於早上信誓旦旦，晚上就自責又虛度了時光，幻想第二天會有所改觀。

在這種無助感之中，他們開始產生另一種消極的心理防禦機制，這是走向平庸的第二步。他們試圖證明自己的頹廢是合理的、正確的。

比如，我的一個朋友曾經抱怨說：「我那麼努力成績卻那麼差，努力有什麼用呢？」我當即反問他：「你不努力的話，會比努力過得更好嗎？」我向他表達我的看法：我們不應該拿努力的自己與不努力卻成績好的人比較，而是應該拿讀書的自己和不讀書的自己來比。前者是我們知覺到的不平等，後者則是努力帶來的價值。我們不應該拿前者這種想法來懲罰自己，或做為不上進的藉口。

走向平庸的第三步就是急功近利。開始對踏踏實實地努力失去了興趣。他們更熱衷於各種方法論，而且方法論愈高效、愈有市場，以至於市場推出了各種誇張的噱頭。

人們愈是追求效率，在「品質」上就愈難以顧及。而且，過於追求效率也會讓人們不願意去嘗試更多可能性，因為害怕別的嘗試會導致效率降低和犯錯，進而陷入一種逃避困難的狀態。

希望大家不只是為了生存而生活。多年之後，也能感嘆「這就是我想要的生活」！

後記

以前上高中的時候，在圖書館接觸到很多數學著作，發現了很奇怪的幾本，而且都有十萬字左右，但是翻閱後，發現內容都是比較簡單的三元二次方程的兩種解法（消元法和降次法）。我當時不理解這樣的書價值到底在哪裡？直到後來，隨著知識的增加，我慢慢理解牛頓所說的「站在巨人的肩膀」的含義了。一些對我們來說已經變得非常簡單的知識，是經過非常多前輩的積累，才慢慢提升和變得「顯而易見」的。也就是說，現在書中的一道公式，前人可能需要用很多本書的文字去闡述；我們能夠輕鬆寫出的微積分方程式是經過幾百年的簡化和發展，才變得簡單而高效的；我們能夠輕鬆推導出天體運動的運動軌跡，也是前人為我們總結的規律。

這本書本身的目的也是如此，透過對大量的書籍的精簡和提煉，讓更多人更容易看懂，更容易理解。而這本書也是站在前人的肩膀上寫成的，引用了大量前人的研究和著作。

可以說，這本書本身的資訊量是比較多的，我想很多人沒有多少耐心真正把它看完。但是，我希望把這本書啃完的讀者，能夠明白「羅馬不是一日建成的」。走向卓越，也不可能一步登天。

一些在世俗中被認為有所成就的人，他們在分享成功經驗時，本身就是結論性話語，但是他們得出這個結論之前，也有大量的鋪陳和積累。

如果我們沒有自己累積的深度，就算知道了一些道理，也未必能變得卓越。

我很喜歡羅永浩的一句話：「未來屬於我們當中那些仍然願意弄髒自己雙手的少數分子。」我想為這句話加上一個補充，那就是：「未來屬於那些願意弄髒自己的手的文化人。」前半生過得太順利，對一個人來說是揠苗助長，而現在太多學生就是如此，生長在「校園溫室」，以至於看不清自己的高度和水準，變得有些好高騖遠。

電影《東邪西毒》中有一句令人深刻的臺詞：「你這種年輕人我見得多了，懂一點武功就以為可以橫行天下，其實走江湖是一件很痛苦的事情。會武功，有很多事情不能做。你不想耕田吧，又不齒於打劫，更不想拋頭露面在街頭賣藝，你怎麼生活？武功高強也得吃飯啊。」

多像讀了些書的文化人，他們給自己的定位太高，偶像包袱太重，以至於大學畢業一、兩年沒買房就覺得失敗，認為沒有女朋友只是因為窮。一些人被浮躁蒙蔽雙眼，對時代的身分焦慮感太強，導致他們一直不願意沉下心來，學習真正能夠提升自己的知識和技能，而熱衷於那些「三分鐘搞定英語」、「一小時建立知識體系」這類的演講和分享。

多像平時不好好訓練、靠著打荷爾蒙去比賽的運動員！也像那些開半小時車，結果花了一個半小時找車位的人。過於追求捷徑，反而浪費了更多時間。

網路上也流傳著一個觀點：知識學到最後都忘光了，學了還有什麼用？這就像問吃進去的食物最後都排出去了，吃了有什麼用一樣。食物和知識都會讓人長大。前者側重於生理成長，後者側重於心理成長。而這種思想之所以盛行，很大程度上是因為我們對知識缺乏深度思考，以至於掌握深度不足，讓知識更容易被忘記。如果我們能對知識進行有效的深度加工，就能成長得快一些。

沉下心來，才能夠真正學到東西，而不是虛假的進步。敢於去做那些見效慢而且看起來很土的辦法，可能會讓自己進步得更快。就像閱讀這本書一樣……

Learn系列 036

反本能：找回自控力

作　者—衛藍
主　編—邱憶伶
責任編輯—陳劭頤
責任企畫—葉蘭芳
封面設計—FE設計
內頁設計—李宜芝

總編輯—李采洪
發行人—趙政岷
出版者—時報文化出版企業股份有限公司
一〇八〇三臺北市和平西路三段二四〇號三樓
發行專線—（〇二）二三〇六—六八四二
讀者服務專線—〇八〇〇—二三一—七〇五
（〇二）二三〇四—七一〇三
讀者服務傳真—（〇二）二三〇四—六八五八
郵撥—一九三四四七二四時報文化出版公司
信箱—臺北郵政七九～九九信箱
時報悅讀網—http://www.readingtimes.com.tw
電子郵件信箱—newstudy@readingtimes.com.tw
時報出版愛讀者粉絲團—http://www.facebook.com/readingtimes.2
法律顧問—理律法律事務所　陳長文律師、李念祖律師
印　刷—盈昌印刷有限公司
初版一刷—二〇一八年二月九日
定　價—新臺幣三二〇元
（缺頁或破損的書，請寄回更換）

時報文化出版公司成立於一九七五年，並於一九九九年股票上櫃公開發行，
於二〇〇八年脫離中時集團非屬旺中，以「尊重智慧與創意的文化事業」為信念。

反本能：找回自控力／衛藍著.
-- 初版. -- 臺北市：時報文化，2018.02
面；　公分. -- (Learn系列；36)

ISBN 978-957-13-7320-1(平裝)

1.成功法　2.自我實現

177.2　　107001047

原簡體中文版：《反本能：如何對抗你的習以為常》／作者：衛藍 著

ISBN 978-957-13-7320-1
Printed in Taiwan